男らしさという病？

ポップ・カルチャーの新・男性学

熊田一雄◉著
Kazuo Kumata

風媒社

の特徴は、「男性は女性に対する加害者であるが、同時に自分たちも『男らしさ』の被害者である」という、「加害者であると同時に被害者でもある」という男性の両面性を主張した点にあったと思われる。伊藤は、近代的な「男らしさ」の特徴を、「権力・優越・所有への要求」として特徴づける。そして、男性は『男らしさ』の鎧」を「男らしく」脱ぎ捨てて、「自分らしさ」を追求すべきである、といういわば「鎧理論」を展開する［伊藤 1993］。

そして、日本初の男性学講座を大学で開講し、学者として活動するだけでなく、政治にコミットするリベラル左翼として、メンズリブ運動（メンズ・リベレーション＝男性解放運動）を運動の中核メンバーの一人として立ち上げた。日本のメンズリブ運動は、参加人数から見ればごく小規模な市民運動でしかないのだが、今日まで存続している。メンズリブ運動は、運動形態としては、「個人的なことは政治的なことである」（The personal is the political）というスローガンに支えられた第二期フェミニズムのＣＲ運動（Conciesness Raising 運動＝意識覚醒運動）を主たるモデルとし、男性たちが意識覚醒運動をおこなう運動の中核部分は、女性を排除して男性クローズドである。ただし、運動の周辺部分では、フェミニストやゲイの市民運動ともさまざまな交流をしている。

残念ながら、日本のアカデミックな男性学は、伊藤公雄以降、理論的には大きな発展は見なかった。その最大の理由は、日本の大学には、女性学の講座は次々に増設されても、男性学の講座が現状では皆無に近く、研究しても食える見込みがほとんどないからである。こうした状況は、欧米の男性学あるいは男性性研究（Masculinity Studies）においても、そう大差があるわけではない。しかし、二〇〇四年の時点では、たとえばアメリカの大学には男性学の講座は約五十存在し、主としてそのために日本に比べれば相対的には格段の進展を見ている。それに対して、私の推定では、二〇〇五年の時点で日本で男性学や男性性研究をメインとしている研究者は、全国の大学のあらゆる学問分野を見渡しても二十人程度しかいない。

伊藤の仕事は、学者としては多くのジェンダー研究者を育て、行政マンとしても男女共同参画社会の実現のために多方面にわたって活躍し、メンズリブ運動も、男性の過重労働問題、ドメスティック・ヴァイオレンス問題、買春問題、従軍慰安婦をはじめとする性暴力の問題など、男性性に関わる多くの市民運動の拠点として歴史的意義をもったと思われる。しかし、なぜメンズリブ運動は、その高邁な理想にもかかわらず、大衆動員力という点ではまったく成功しなかったのか、そろそろ真摯に問われるべき段階にきていると私は思っている。

先進国のなかでも、日本は一般大衆の教育水準が高く、大学アカデミズムや大学の研究者の周辺に、知的水準のひじょうに高い出版メディアや大学に所属しない論客が存在している。男性学をめぐる知の配分構造においても、こうした構図が見られる。これまでに日本人の男性性について最も深い思索を展開してきたのは、私見では、大学の研究者ではなく、在野の映画評論家・佐藤忠男であり、私も氏の著作から多くを学んだ。佐藤の男性論の概観としては、関東学院大学の細谷実の論考を参照されたい［細谷 2004］。

たとえば、二〇〇三年度NHKが大河ドラマ『武蔵』で取り上げ、吉川英治の小説をマンガ化した井上雄彦の『バガボンド』も二〇〇五年時点では大ベストセラーとなっている「宮本武蔵」。この「武蔵」が体現している男性性を、佐藤は次のように「不毛な人格美学」として鮮やかに切って捨てる［佐藤 1989］。

一九三〇年代の戦時体制下に書かれた吉川武蔵は、表看板はチャンバラ小説であり、さらに言えば求道的人生論小説である。もちろん吉川武蔵には、近代日本が西欧から輸入した恋愛小説としての側面も重要である。しかし、佐藤によれば、吉川武蔵における宮本武蔵と「お通さん」の恋愛の描かれ方には、大きなバイアスがかかっている。

女性に求愛することができず、したがって、恋愛ということを、ただ観念的にうらやましがりながら、それは自分には永久に縁がなさそうだと悲しくもあきらめている当時の平均的日本男子の多くが、この小説を読むことによってひとつの救いと迷いを得た。そうだ、自分もけっして、女に惚れられないほど魅力がないわけじゃない、ただ、自由意志で、女性の誘惑を避けているだけなのだ、ああ、しかし、やっぱりお通さんみたいな女性に出会わないものかなあ、と。この救いと迷いの振幅が大きければ大きいだけ、この小説は平均的日本男子にとって魅力も大きいのである、と佐藤は論じる。

そして、吉川武蔵の求道論的人生論に、次のような痛烈な批判を加える。

納得できないのは、ひとりの侍の武者修行のためには、たくさんの人間が片っ端から殺されてもそれは当たり前だ、という思想が、この小説のなかではどこでも批判されたり、検討されたりはしていないことである、と。

強烈な野心にとり憑かれた男の悲劇的な半生、ということであれば、これは、今日の人間にとっても納得のいく物語であり得る。しかし武蔵は、自分の野心を修業によって抑えて、しだいに、人間完成、自己完成、という観念に置き換えていってしまう。しかし自己完成のための殺人とは何か。吉川英治の庶民的な人格主義とは、そもそもどういう質のものか。

自己完成とはなにかということを作品のなかから読み取ろうとしても、せいぜい、どんな危機にのぞんでも動揺せず、泰然自若としていられること、どんな種類の攻撃にぶつかっても臨機応変に自分のもつ技量をフルに発揮できること、ぐらいのものでしかない。あと、禁欲生活に耐えられること、とか、たやすく個人的な感情に動かされないこと、などの美徳も含まれているが、いずれにせよ、その程度のことである。武蔵が営々と人を殺しながら築きあげた美徳とは、誰のためにもほとんど役に立たず、ただひたすらなる自己満足のためでしかない。ヘンな美徳だ。

確かに、「宮本武蔵」を軍国主義的な作品だと言ったら言いすぎになるだろうが、この土台にある自己完成ということの内容が、軍国主義イデオロギーの土台にあった人格主義美学の内容とほとんど一致するものであったことも確かである。イデオロギーとしての軍国主義は挫折しても、この種の人格美学は、そう簡単に否定されずに、いまもなお、強い郷愁となって日本人のなかに生きているのである。三島事件に、やくざ映画に、スポーツ根性もののドラマに。私が佐藤に付け加えれば、劇画『ゴルゴ13』にも、オウム真理教事件にも、この種の人格美学が生きているように思われる。

ここで、簡単な自己語り（self narrative）を述べることをお許しいただきたい。自己語りを述べるのは、けっして自分が自分史を人様に語るほどの偉い人間だと思っているからではない。一般に、現在のジェンダー研究は大文字の「普遍の真理」をそもそも否定するものであり、ジェンダー（社会的性差）については、話者は、文化や時代に限定された自分の「立場性」（positionality）からしか語ることができない［上野 2002］。私が最初に自己語りを述べるのは、私自身の立場性を読者に対してはっきりさせておくためである。

私は、一九六二年に京都市で生まれた。団塊の世代と団塊ジュニアにはさまれた「くびれの世代」に属する人間であり、全共闘運動参加者（グローバルには一九六八年の学生運動関係者）という団塊の世代の知識人から見れば、「遅れてきた青年」の世代である。かつては、「三無主義の世代」「しらけの世代」とも呼ばれていたし、「オタク第一世代」とも呼ばれる世代の人間である。京都育ちという点では、根っからの都会人である。

私は、日本の高度経済成長期に、典型的な近代家族のなかで育った。サラリーマンの父、専業主婦の母の間に生まれた、三人兄弟の長男である。母親に心理的なこだわりをもつという意味でのマザコンになりやすいパターンである。父はエリート技術者であった。父は自分のことはおよそ口にしなかったので詳しいことは知らないが、技術者としては相当な人物だったらしい。しかし、私が思春期になったころ、管理職となった中年期に左遷され、晩年には酒浸りとなって、六十二歳で若死にした。左遷の理由が管理職の適性がなかったためか、社内の派閥抗争に敗れたためかはまったく知らないが、おそらくは両方だろう。

母親は、いい人で頭も良かったが、勝ち気で支配的な性格であった。私の思春期には、父の左遷に愚痴をこぼしてばかりいて、サラリーマンという職業を呪っていた。その影響で、私はサラリーマンにはなるまい、と決意した。父の若き日は、NHKの人気番組『プロジェクトX——挑戦者たち』そっくりのものだったのだろう。しかし、子どもの私から見れば、まったく家庭を省みず、思春期には窓際族の「恥ずかしい父」であった。「支配的な母」は、お勉強がよくできた私に期待をかけ、中高一貫の受験名門男子校に送った。

その後は、若干の紆余曲折はあったものの、挫折知らずで東京大学に現役合格して何の苦もなく大学教師となった。私は、世間からは絵に描いたような「おぼっちゃまエリート男性」と思われている。しかし思春期以降は、内面では、通俗心理学でいうところの「よい子ホリック」のアダルトチルドレン（自分の生きがたさが親との関係に起因すると自覚する人）として苦しみ続けてきた。「父親不在」で母親に過保護に甘やかされて育ったという意味では、確かに未だに世間知らずのおぼっちゃま（とっつぁん坊や）に違いないのであるが。

幼いころの私は、内気でとてもフェミニンな男の子であり、小学生のころには「女形（おやま)」ともあだ名されていた。いまでも、自分の性格の地はオカマだと思っている。小学校のころは、父が出世コースを順調に歩んでいたこともあって、「お勉強のできる子」として幸福だった。しかし、受験名門男子校で送った思春期は、地獄であった。受験名門男子校は、学力競争をはじめとする各種の「男らしさ」をめぐる競争原理に支配されており、フェミニンな私はたちまち仲間集団から周縁化された。身体虚弱でスポーツが駄目だった私にとって、「男らしさの証明」をする方法は勉学しかなかった。「よい子ホリック」に「男らしさの証明」が重なれば、世俗的なエリートコースをばく進するのは簡単であった。

このように、「女々しい性格」「体力がない」と仲間集団から蔑まれるというコンプレックスを補償するための男性性を、欧米の男性性研究では「補償的男性性」(compensatory masculinity)という。おそらく三島由紀夫も、こうした心理の罠にはまったのだろう。三島の場合は、ゲイというセクシュアリティの問題もあって「葉隠」を経由して、昭和初期の軍国主義の覇権的男性性(メインとされる男らしさ、詳しくは後述)に自己同一化したのだろう。ただ、私のコンプレックスは三島ほど強くはなく、時代に恵まれていたせいもあって、ボディー・ビルに走ることも自衛隊に乱入することもなかっただけである。ただし、高校時代の私は、エリート技術者であった父の末路を見ているので、当時の主流であった「プロジェクトX的男性性」にはどうしても自己同一化できなかった。その代わり、根がオカマの私は、小学生のころ流行していた『巨人の星』などのスポーツ根性もののテレビアニメを媒介として、「宮本武蔵的男性性」という昭和日本の生んだ禁欲的な男性像に自己同一化してしまった。日本がバブル経済という消費文化に浮かれていたころ、大学時代の私のあだ名のひとつは、「ストイック」であった。

根がオカマである大学時代の私は、貪るように少女マンガを読みふけったし、いまもよく読んでいる。おそらく、「武蔵的男性性」に対してバランスを取ろうとしているのだろう。私の大学時代は、「花の二四年組」と呼ばれる萩尾望都・大島弓子・山岸涼子・竹宮恵子という奇跡のような表現的才能が少女マンガに流れ込んだ、少女マンガの黄金時代であった。その意味では、私は「オタク第一世代」であった。いまでも、私のジェンダー／セクシュアリティ研究の準拠点は、「少女マンガ・花の二四年組」である。ただし大学時代の私は、フェミニズムにまでは関心が広がらなかった。私がフェミニズムや男性学と本格的に出会うのは、大学教師となった三十代のことである。三十代の私は、バツイチ子連れのあるラディカル・フェミニズムの論客と半同居生活を送り、最後に別れた。別れたのは、私が人格的に未熟だったからである（いまでも未熟者だが）。私は彼女に日本女性学会に連れて行かれ、彼女の影響で多少はフェミニズム（女性解放運動）やジェンダー研究の本を読んだ。そして、主として東京大学の上野千鶴子の影響で男性学を志した。

だからといって私は、「私はフェミニズムをよく理解している」というつもりはない。しかし、前述したような個人史のために、同世代の男性のなかでは、私は最も強烈にフェミニズムの洗礼を受けた部類に属すると思う。最も影響を受けた上野の著作活動は、左翼的なマスメディアなどを介してすでに世間に広く知られていると思うので、ここではあえて説明しない。とくに「男性に女性学をやってもらう必要はない、男性は男性学をやるべきである」という「男性学のすすめ」には強く共感した。

私は、「男性のフェミニスト」など信用していない。私が所属しているいろいろな学会には、明らかに私よりも学問的力量がありながら、女性差別のために大学に就職できないでいる女性研究者がたくさんおり、もしも私が本当にフェミニストなら、彼女たちに自分のポストを譲らなければならないと思う。しかし私は我が身がかわいくて、とてもそこまではできない。そんな私に、フェミニストを名乗る資格はないと思う。しかし、知識量だけなら、明日からでも「女性学概論」くらいまでなら大学の講義を担当できる自信がある。その限りでは、私は「親フェミニズムの男性」かもしれないし、少なくともそうでありたいと強く願っている。

一方で、男性学・男性性研究に興味をもつ私は、運動の理論面のリーダーである伊藤には申し訳ないが、メンズリブ運動（男性解放運動）にもあまり共感していない。ひとつには、「男性だけ」で活動している点が共感できないのである。そもそも私は、「男性だけ／女性だけ」という運動にはあまり共感できない。また、伊藤男性学の「『男らしさ』とは、権力・優越・所有への要求である」という理論や「鎧理論」は、日本の高度経済成長を生きた団塊の世代に属する男性特有の価値観を言語化しただけものに思え、次の世代の私はあまり共感することはできない。

では、一九三〇年生まれ（戦中派世代）の佐藤の男性論はどうか。佐藤の論は、女性学を経由したものではない。「くびれの世代」に属する私としては、次の二点に不満をもつ。

まず第一に、佐藤の日本庶民の「任侠」の伝統に対する思い入れは、団塊の世代の男性と違って任侠映画やヤクザ映画などまったく愛好しなかった私から見れば、あまりにも過剰である。第二に、女性学を経由していない佐藤は、日本人の男性性については鋭い洞察を示すが、その反面で、「女の世界」―女性や女性心理についての洞察力は相対的に弱い。そこで本書では、そうした佐藤男性学の「向こう側」の考察を試みたい。

ところで私は、フェミニストである若き日の（もちろんいまは違う）上野千鶴子（ちなみに若き日の伊藤もそうであった）のような強烈なヘテロセクシスト（異性愛中心主義者）ではない。私の性指向は、強いて分類すれば「ストレートよりのバイ」である。そもそも私は、一般に上野や、佐藤のようなさらに年長の世代の人間ほどには強烈に性別二元制（Gender Binarism・「男女という制度」）を内面化していない。この点では、私の感性は、日本において性別二元制と男女の境界が歴然と緩みはじめた一九八〇年代以降の若い世代に近い。したがって、「敵か味方か」という発想をする傾向があるラディカル・フェミニズムにはついていけない点が多い。また、上野が時折のぞかせる、全共闘譲りの極左エリート主義にもついていけなかった。たとえ「革新の仮面を被った保守」と非難されようとも、私の政治的立場はリベラル左翼であり、選挙で投票もしない人が政治を批判するのはおかしいと思う。

欧米の場合、フェミニズムに一定の共感を抱く男性の動機は、騎士道精神の伝統であることが多いという。日本人である私の場合にも、フェミニズムに対する共感には、もちろん、「強気を挫き、弱気を助く」「侠気（おとこぎ）」の伝統にもよるところもあると思う。しかし、私の場合は、主として、後述するように根がオカマである私の内なる「男性の女性性」（male feminity）が共感する、あえて言えばフェミニズムには「女性として共感する側面がある」ということにもとづく側面が大きいのだろう。

本書の構成

第1章では、文化社会学的手法を用いて、現代日本の大衆文化における「女性の男性性」を分析する。近代日本において抑圧されてきた「女性の男性性」こそ、「忠臣蔵＝プロジェクトX的男性性」というメインな男らしさに対するオルタナティヴな男性性である、ということを、『美少女戦士セーラームーン』を題材に論じる。本当は、私が大好きだった『少女革命ウテナ』や岩明均のマンガを論じたかっただけかもしれない。

第2章では、やはり文化社会学的手法を用いて、先進国にようやく登場した「百合」（非ポルノの女性同性愛ファンタジー）を愛好する男性たちの男性性を分析した。私も、二〇〇三年度に創刊された雑誌「百合姉妹」を定期購読しており、ある意味では自己分析の論文である。

第3章では、宗教人類学的手法を用いて、私が「よい子ホリック」と「男らしさの病」を解決するためにコミットした内観サークル系宗教運動を分析した。

第4章では、文化人類学的手法を応用して、オウム真理教事件を「若者の宗教倫理のセラピー化」という問題にまで深く掘り下げた。

第5章では、宗教学的手法を用いて、日本のフェミニズムが軽視しがちな「大衆消費社会におけるナルシシズムの可能性」を論じた。この論文は、日本の神道界で現在進行しているバックラッシュに対する牽制球でもある。

本の随所には、マスコミ有名人の男性性の分析を含む研究ノートを挿入した。

冒頭に述べたように、本書が読者が「男らしさ」の問題を考えるささやかなヒントになってくれれば、筆者としてはこれに優る喜びはない。

〈男らしさ〉という病？——ポップ・カルチャーの新・男性学

目次

ノート――I

バックラッシュの現在

新たな共同性の覇権的男性性への回収

第1章では、近代日本において抑圧されてきた「女性の男性性」こそが次世代型の男性性ではないか、という議論を展開する。しかしその前に、二〇〇五年時点で二期目の東京都知事を務めている石原慎太郎の男性性を簡単に分析しておきたい。石原の言説を取り上げるのは、それが現代日本におけるバックラッシュ（反フェミニズム運動）の典型的な言説だと思うからである。石原は、現在求められている新たな公共圏・新たな共同性を、旧態依然たる近代日本の「覇権的男性性」（メインとされる男らしさ・詳しくは第1章で解説）に巧妙にすり替えている。たとえば石原が二〇〇五年一月三日の「産経新聞」に発表した、「価値をいかにして伝達するか」というエッセイを部分的に引用してみよう。そのうえで、問題をすり替える石原の巧妙なレトリックを解き明かしてみたい。

昨年末テレビで恒例の「忠臣蔵」を観、定例の涙を流した。演じられているどれも心にせまる挿話は「隣の殿様」にしろ、大石内蔵助と遙泉院の最後のやり取り、箱根での大石が名乗る偽者の垣見左内と本物との出会いにせよ、多分皆赤穂浪士の吉良屋敷討ち入りの後に出来た作り話に違いないが、そのどれもに当時の人々のあの出来事への共感があふれている。

それは「生類憐れみの令」などという俄《にわ》か仕立ての倫理観で国民を規制しようとした幕府の思惑などを超えて、人間の最も根源的な価値観を確認して伝えるという庶民の強い情念の発露ともいえるだろう。彼らが幕府の権威を超えて認めた価値とは、献身の貴さ、自己犠牲の美しさ、誓いを通じての人間相互の信頼、それに裏打ちされた重い責任の履行などなど。忠臣蔵の感動はそれらのものの尽きせぬ味わいに違いない。(略)

頻発する子殺し、親殺し、幼児殺し、集団自殺、未曾有な異常犯罪。それらの出来事の根底に在るものが一体何なのかを我々は正確に把握する必要がある。それは文明の過度な成熟がもたらした人間への疎外、いい換えれば人間の本質的な衰弱の所産に違いない。

今日ほど人間が肥大化した時代はなかったような気がする。その意味は人間が願望本意になってきたということ、つまりただ自己本位ということだ。故にもそれらの行為はいたずらに衝動的であって、その願望を制御するもろもろの正当な意識の働きが欠落してしまっている。(略)

東京都が青少年健全育成条例の改正にあたって青少年の実態を調査しなおしてみた結果、例えば義務教育課程に在る少年少女の基本的な価値観の歪《ゆが》みや欠落には改めて呆然とさせられた。倒産閉店にまでいたる被害を生んでいる繁華街での若者たちの万引行為について、常習の少女たちは平然と、繁華な街でこそ在り得る刺激のためだといい切るし、最低限の教育も受けずに本質的な知識を欠いたまま行われる性戯の氾濫は、先進国で日本のみ唯一のエイズの増加を許してしまっている。

彼らの意識では、性行為は異性に対する恋愛感情を必要条件とする行為とは全くたりえない。友情どころかただ近親のきっかけを掴《つか》むためだけの行為としてだけ在り得てしまう。故にもある少女にとっては、自分の物欲を満たすという彼女の最高、最重要な目的達成のための安易で有益な手立てとしてしか在り得ず、そのために行う売春には彼女なりの歴然とした正当性があって対世間、対家庭、対自身へのひるみや後ろめたさなど全くない。(略)

加えて文明進展の所産として堕胎に関する、医療技術の進歩は従来の手段に代わる極めて安全で簡単な手法を提供するようになり、妊娠わずか二週間後での確認の後母体にほとんど危険をもたらさぬ胎児のバキュームによる除去という手段で、体は元の白紙となってしまう。妊娠の恐怖が根絶された社会で安易な性の氾濫は加速度的に広がっていき、その皮肉な結果として若い世代での男の子供たちの不能に繋がる萎縮《いしゅく》が蔓延している。

こうした現象は一種の文明的倒錯に違いないが、それに便乗しかつての左翼崩れのような手合いが、ジェンダー・フリーとか称して若い世代での男女の積極的な同質化を「進歩」と唱導したりしている始末だ。

人間の欲望や衝動にはいろいろあり、すべてものごとは度合いの問題だと心得ているつもりだが、昨今の日本の社会の露骨な出来事は何かのタガが外れてしまったことによる、個々人の極端な肥大化現象に起因するものと思う。それは丁度、テレビや雑誌の報道でよく目にする、体に悪いとは思いながらどうにも止められずにジャンクフードに手を出し続け、醜悪を通り越し、危険なまでに太って自分一人での歩行が困難になってしまった人間たちに酷似している。

こうした状況の中で、次代を担う子供たちに人間にとっての根源的な価値についていかに伝達するかを、真剣に考えなくてはならぬ所まで私たちは来てしまったと思う。

しかしそのための当然の場として在ったものが今ではすべて崩壊しかかっているのだ。

ならば義務教育の最終課程の中学、あるいは高校の頃に、せめて半年間くらい、彼らに消防や警察、あるいは介護といった責任を伴う奉仕で他人とまみえる経験を制度として強いることくらいは講じなくてはなるまいと思うが。

石原の共同性すり替えのレトリック

さすがは元流行作家だけあって、問題をすり替えるレトリックはじつに巧妙である。最初に忠臣蔵という近代日本の覇権的男性性を持ち出して、国民、とくに年配の世代を情緒的に引きつけている。しかし、現代日本の若年層は、もはや忠臣蔵の粗筋すら知らないことが多い。第1章で論じるように、私は「近代日本『忠臣蔵』幻想」の解体を歓迎しているが、石原のレトリックは、次代を担う若年層には通用しにくいだろう。

つづいて石原は、社会問題を列挙して、「個々人の極端な肥大化現象」に原因を求める。乱暴な議論だとは思うが、原稿枚数の制限もあっただろうし、私はこの分析にはけっして反対というわけではない。私流に言い替えれば、公共圏・共同性を欠いた悪しき意味での「私化」が進行しているのである。公共圏・共同性が求められているのは確かだと思う。しかし、現在の「私化」は、旧来の公共圏・共同性が若い世代に通用しなくなったことを背景として生じているのであり、いま求められているのは新たな公共圏・共同性ではないだろうか。それなのに石原は、忠臣蔵物語を持ち出すことによって、若い世代にはもはや通用しなくなった「滅私奉公」の世界を復活させようとしているのである。

公共圏・共同性のモデルとして、忠臣蔵という近代日本の覇権的男性性を持ち出すことは、ポストモダン状況においてはアナクロニズム以外の何ものでもない。そうした石原のアナクロニズムは、ジェンダー／セクシュアリティの問題を論じるときに、いっそう顕著に現れる。「彼らの意識では、性行為は異性に対する恋愛感情を必要条件とする行為とは全くたりえない。友情どころかただ近親のきっかけを掴《つか》むためだけの行為としてだけ在り得てしまう」と石原は述べるが、そのことの何が悪いのか。石原は、〈性〉を人格の中核と考える「性＝人格」論にとらわれて、若者の「愛と性を分離させる」発想、「コミュニケーションとしての性」という発想が理解できないのだろう。

石原は、性教育に関してはアメリカのキリスト教右翼に似た「禁欲主義教育（abtinance-only education）」に惹かれているのではないかと推測される。恋愛＝結婚＝性を三位一体とする近代の恋愛結婚イデオロギーから脱却できないのではないか。これは伝聞だが、アメリカにおける調査データでは、禁欲主義教育を受けた若者よりも、早期に性行為に伴うリスクをきちんと教育された若者のほうが、性交開始年齢は高くなるそうである。石原が正義感をもっていることは理解できるが、若者という他者への想像力を欠いた正義感は、全体主義に通じかねない。石原は、若き日には、男性中心主義的であったとはいえ、若者の既成文化への反逆を描いて作家デビューしたのではなかったのか。

さらに奇妙なのは、「妊娠の恐怖が根絶された社会で安易な性の氾濫は加速度的に広がっていき、その皮肉な結果として若い世代での男の子供たちの不能に繋がる萎縮《いしゅく》が蔓延している」という一節である。

この議論が、いかなるデータにもとづいているのかは知らない。もしかすると、石原自身が、性的に積極的な女性、さらには一般に強い女性・男勝りの女性を見ると性的に萎縮してしまうタイプの男性なのかもしれない。しかし、もしそうだとしたら、そういう男性は本当に「男らしい」のだろうか。石原は「男らしさ」の文化を称揚しているはずなのに、自己矛盾してはいないだろうか。

繰り返すが、私は新たな公共圏・新たな共同性が必要であるという点では、石原と意見を同じくする。しかし、忠臣蔵の四十七士的男性連帯をそのモデルとすることには、断固として反対である。それでは、新たな公共圏・新たな共同性にはいかなるモデルがふさわしいのだろうか。その問題を、第1章で論じてみたい。

第1章▼現代日本の大衆文化における「女性の男性性」

――オルタナティヴな男性性のありか

キーワード……覇権的男性性／大衆文化／近代「忠臣蔵」幻想／女性の男性性／オルタナティヴな男性性

――たとえ世界が助かったって、りりかがいなくなったら何にもならないじゃないか！
――（りりかの応答）もしわたしが死んで世界が平和になったら、みんなからわたしの記憶を消してください

（アニメ『ナースエンジェルりりかSOS』より）

1 「女は世界を救えるか」を再考する

現在の日本社会における「メインとされる男らしさ」は、NHKの国民的人気番組『プロジェクトX』に示されているものだろう。いま、小学生と中学生の親が子どもに見せたがっている番組の人気ナンバー1は、両者ともに『プロジェクトX』である（二〇〇四年の「朝日新聞」の記事による）。もちろん、小学生や中学生の側が現実に見たがっているかどうかは別問題である。個人的には、見たがっていないことを希望するし、実際にこの記事では小学生と中学生の「見たい番組ベスト10」にはともに入っていない。本章では、現代日本におけるメインとされる男らしさがプロジェクトX的なものであるとして、いかにそれに取って代わるオルタナティヴな男性性を構想すべきかを考察する。

最初に、NHK公式サイトから、『プロジェクトX――挑戦者たち』の企画意図を紹介しておく。

人類の歴史と文明を劇的に変えたのは「プロジェクト」である。

「プロジェクトX」は、熱い情熱を抱き、使命感に燃えて、戦後の画期的な事業を実現させてきた「無名の日本人」を主人公とする「組織と群像の知られざる物語」である。今も記憶に新しいあの社会現象、人々の暮らしを劇的に変えた新製品の開発、日本人の底力を見せ付けた巨大プロジェクト…。戦後、日本人は英知を駆使し、個人の力量を〝チームワーク〟という形で開花させてきた。戦後日本のエポックメイキングな出来事の舞台裏には、いったいどのような人々がいたのか。成功の陰にはどのようなドラマがあり、数々の障害はいかなる秘策で乗り越えられたのだろうか。

番組では、先達者たちの「挑戦と変革の物語」を描くことで、今、再び、新たなチャレンジを迫られている21世紀の日本人に向け「挑戦への勇気」を伝えたいと考えている。(1)

その作業を進めるさいに、ジェンダー理論としてはアメリカのレズビアン・ブッチ（男役）でもあるフェミニストの理論家ジュディス・ハルバーシュタムの「女性の男性性」（Female Masculinitiy）に関する理論を応用する［Halberstam 1998］。従来のフェミニズムには、たとえば女性の社会参画が単なる男性化、男性の二の舞となるのか（女性の「名誉男性」化）、それとも「女（原理）が地球を救う」のか、みたいな悩ましい難問があった［ex. 上野 1986］。ハルバーシュタムによる「女性の男性性」をめぐる議論は、そうした難問を解決するのに有効である。私は、「男性が救えなかった世界を女性が救えるわけがない」と論ずる上野千鶴子と同様、「女性原理が地球を救う」とは思わない。しかしながら、「女性の男性性」という近年の女性によるある創造物が、「男性の男性性」の変容と共鳴しながら「地球を救う」可能性はあると考えている。ジェンダーが「身体的差異に意味を付与する知」［Scott 1999(2004)］である以上、近未来にジェンダーが死滅して個性化だけが残るという可能性は考えられない。私は、そのような少なくとも近未来には実現不可能なユートピアを夢見るのではなく、現実の社会状況に足をつけて、新しい男性性と女性性の可能性を考えてみたいのである。

2　ハルバーシュタムの「女性の男性性」論と大衆文化

「ジェンダーとは、パフォーマンス・儀礼である」というジュディス・バトラーのパフォーマティヴィティ理論を継承・発展させたハルバーシュタムのジェンダー理論は、現時点では日本にはあまり紹介されていない。そのことは、先進国最悪の女性差別のために、日本ではレズビアン（とくに男役を演じる人）やＦＴＭ・ＴＧ（女性から男性へのトランスジェンダー）の人に社会的発言力が極めて乏しいことと関係しているだろう。しかしながら、現在の英語圏の男性性研究では、ハルバーシュタムによる、男性中心社会からは無視・排除されがちなだけで、実際には「女性の主観性（subjectivity・生きられた経験）が男性性（masculinity）に自己同一化（identify）することもある」という議論に対しては、「これまでのジェンダー研究の死角をついた研究」として、研究者の間ではすでに高い評価が確立している。

ハルバーシュタムによれば、少なくとも近代のアングロ＝アメリカ文化においては、「女性の男性性」は、女性が思春期に達するまでは「お転婆」（tomboyism）として許容されるのであるが、思春期以降においては、一般に男性中心社会によって徹底的に抑圧・排除される。「男らしさ／女らしさ」が「良きもの／悪しきもの」と価値づけられるならば、思春期以降の女性においては、「女性の男性性」は「醜いもの」として抑圧・排除されがちで、成人女性の「女性の男性性」が本格的に論じられるためには、レズビアン・アクティヴィズム、とくにフェミニズムからさえも「敵である男性に塩を送ることになりかねない」として排除されることが少なくなかったブッチ（狭くはレズビアニズムにおいて男役を演じる女性、広くは「男っぽい女性」一般）・アクティヴィズムの登場を待たねばならなかった［Halberstam 1998;2002］。いまの英語圏でのジェンダー研究では、男性性（masculinity）にも女性性（feminity）にも、男性（male）版と女性（female）版の両方が存在し、ジェンダーを包括的に論じるには、少なくともこの四種類を区別しなければならない、というのが定説となりつつある。

さて、具体的に作業を進める素材として、現代日本の大衆文化（popular culture）、とくに若い世代の大衆文化を用い、文化社会学的ないしはカルチュラル・スタディーズ的な研究方法を用いたい。若い世代の大衆文化を素材とするのは、本章が「男性性の変容」に焦点を当てているからである。大衆文化のなかでも、とくにアニメとマンガに焦点を絞るが、消極的な理由としては、これは私の守備範囲の限界のためである。音楽・映画・テレビ番組などについては、本章では本格的には扱わないが、それはけっして私がこれらの分野を軽視しているということではない。積極的な理由としては、日本のアニメやマンガのような大衆文化はすでに世界中に輸出されており、これらを研究素材とすることには、グローバルな男性性の変容を考察できるというメリットも計算できるからである。

ハルバーシュタムの「女性の男性性」に関する議論を日本の大衆文化研究に応用した研究としては、すでに中村と松尾による優れた研究が存在するのだが［Nakamura and Matuo 2003］、この研究は主として宝塚歌劇における男役スターとファンたちの相互作用を実証し、派生的に「宝塚＝手塚治虫＝少女マンガ」というラインに言及したものであって、私は生物学的男性として、この研究を男性性研究（Masculinity Studies）に引きつけてさらに一歩前進させ、「いかなる条件の下で『女性の男性性』はオルタナティヴな『男性の男性性』になりうるのか」を問うつもりである。

3　「覇権的男性性」とは何か

覇権的男性性（hegemonic masculinity）とは、世界有数の男性学者（男性性研究者）であるオーストラリア人の社会学者ボブ・コンネルが主として提唱した概念である。コンネルは、カテゴリーとしての男性と女性の間だけではなく、男性間にも権力関係が存在する以上、男性性は複数形において分析されねばならないとし、「覇権的（hegemonoc）／従属的（subordinated）／周縁的（marginarized）」という類型を提唱した［Connell 1995］。覇権的男性性は、ネオ・マルキシストのグラムシのヘゲモニー概念を応用したもので、単純化して表現すれば、「ある時代のある社会でメインとされる男らしさで、先進国ではメディアのなかの神話的形象として存在し、他の種類の男性性（男性ではないことに注意）を支配する」ものである。覇権的男性性は、けっして超歴史的・超文化的なものではなく、可変的であり文化によって異なるものである。覇権的男性性を体現した男性から「女々しい」と蔑まれることが多い従属的男性性の例としては、典型的にはゲイなど非異性愛者の男性性が挙げられている。周縁的男性性は、人種や階級との関係において周縁化されたものである。たとえば、下層階級や少数民族の男性性が周縁的男性性である。

これらの「複数形の男性性（masculinities）」は互いに、時には協働、時には葛藤の関係をもちながら、総体として男性中心主義（masculinism）をかたちづくっている[(2)]。コンネルは、覇権的男性性の歴史的起源を西欧の海外進出と資本主義的世界市場の形成に求めているが、日本の例として、「サラリーマン」の男性性の登場が挙げられている。

フェミニストの国際政治学者シャルロット・フーパーは、コンネルの「覇権的男性性」の概念を、カテゴリーとしての男女間の権力関係だけではなく、男性間の権力関係をも直視する画期的な概念として高く評価しつつも、主として以下の三点において微修正を加えている。①コンネルの議論は、人間不在の構造主義からまだ完全には脱却できていない、②言説（discourse）をイデオロギーに乱暴に還元しすぎている、③ヘゲモニー概念が、一部のエリート集団のものなのか、多数派の無意識の同一化と協働によるものかがはっきりしていない［Hooper 2001］。

私は、フーパーによる覇権的男性性の概念の微修正に賛成する者であり、①覇権的男性性は常に変化しており、②言説は身体化されるもので、③ヘゲモニーは多数派の無意識の同一化と協働によるものと考える。覇権的男性性は、言説・身体化・制度的実践のすべてにバランスよく目配りしながら分析される必要がある。

4　近代「忠臣蔵」幻想と「意地の系譜」・「集団主義」

それでは、近代日本における覇権的男性性はいかなる種類のものだろうか。関東学院大学の細谷実の研究をヒントに私なりに考えてみた。それは時代に応じて微修正を繰り返しながらも、基本的には「忠臣蔵」という国民的物語（四十七士的男性連帯）に代表される「意地の系譜」と「集団主義」にかたちづくられていたといえないだろうか（そしていまでも依然としてある程度まではかたちづくられている）。

近代「忠臣蔵」幻想

ここで言う忠臣蔵幻想とは、一七〇二（元禄十五）年に起こった史実としての赤穂浪人討ち入り事件のことではなく、事件を題材に日本人が三百年間にわたって、時代によって微修正を繰り返しながら延々と紡ぎ続けてきた「国民の物語群」総体のことを指す。討ち入り事件発生直後から、江戸の庶民の世論は四十七士をスーパースターとみなした。庶民はこの事件を幕藩体制に対する「叛乱」の物語としてとらえ、世論に配慮した幕府は事件を「忠義」の物語という解釈を与え、両者は吉良上野介をスケープゴートとすることで一致し、この時点で四十七士は当時の日本社会の全階級から「男のなかの男たち」と賞賛されることになった。近世後期のそれを継承した近代日本の「忠臣蔵」幻想の総体については、宮澤誠一の労作がある〔宮澤 2001〕。明治国家が国定教科書に載せて称揚した「忠義」の要素は、第二次世界大戦の敗戦とともに大きく後退した。また、ここ十年から二十年の間に、日本的経営（終身雇用・年功序列）の崩壊に伴って、一度目標を設定したら、それを疑うことなくすべてを犠牲にして団結するという「集団主義」〔加藤 1980〕の要素も、消滅とまではいかなくとも、ある程度は後退した。宮澤は、この時点に近代の忠臣蔵幻想の終焉を見ている。

確かに、現在の若者には忠臣蔵の粗筋すら知らない者が多い。しかし私には、四十七士的男性連帯の中核が、佐藤忠男が『忠臣蔵——意地の系譜』〔佐藤 1976〕で早くから見抜いていたように、「意地」という日本人の基本的な「甘え」文化や、「集団主義」という日本人の基本的な「和合倫理」の文化と不可分な要素にある以上、これがそう簡単に消滅するとは思えない。佐藤の言う「意地」とは、「自分自身という存在の正しさ」を証明するために、多大な犠牲を払っても自分の意志を貫こうとすることである。宮澤と異なり、私は、狭い意味での忠臣蔵幻想は衰退しても、広い意味での忠臣蔵幻想は、いまなお存続していると考えている。

意地の系譜と集団主義

「意地」は諸外国にも広く存在している要素ではないか、と反論されるかもしれない。もちろん、意地は人間に普遍的な心理である。ただ日本人は、意地の神話とも言うべき「忠臣蔵」物語群をつくりあげ、この心理に独特の美的情緒をほどこし、それを政治的・社会的に活用する方法をあみ出した。宮澤は、「戦争の世紀」であった二十世紀において、戦争や政治的反乱のたびに「忠臣蔵」物語群が巧妙に引用されたことを丁寧に実証している。大げさに言えば、真珠湾攻撃は、自分たちのアジア諸国に対する「意地悪」には鈍感だったが、アメリカの「意地悪」は痛感していた大日本帝国「臣民」たちにとっての、アメリカに対する「討ち入り」だったのである。

佐藤は、「意地」と特殊日本的な「甘え」文化との関係について次のように説明している。

大人のほうで間違いに気づいてすぐ訂正してくれればいいが、そうでないと、正しいことをしたつもりで悪いと言われた子どもは、自分の正しさを証明するためになにかをしなければならなくなる。しかし子どもは、証明するための論理をまだもっていない。できることはただ、悪い、と言われたことをもういちどやってみせて、はたして本当にそれが悪いのか、念には念を入れてもういちど大人に判断してもらうことぐらいである。大人の目からは、これが、強情をはり、ダダをこねる、ということに見えるのである。おそらくはそれが反抗の始まりであり、意地の始まりである。日本人は、欧米人が驚くほど、幼い子どもの強情とダダに寛容な躾の伝統をもっており、そこに、おそらくは民族心理的な特性としての「甘え」

が成立している。(3)

「意地の系譜」と「集団主義」の持続力を見せつけているのが、NHKのテレビ番組『プロジェクトX』(放映は二〇〇〇年から)の国民的人気である。この番組では、「挑戦者たち」に女性が参加していても、ナレーションは必ずといっていいほど「その時、ひとりの男が立ち上がった」で始まり、男性の私生活(家事・育児・介護)は基本的には切り捨てられている。もちろん、「集団主義」がある程度は後退し、「男女共同参画社会」が少なくとも表面ではうたわれる時代に対応して、時々アリバイ工作程度には男性の私生活に触れることはけっして忘れられていないのだが。そして、「男の意地」を貫き通して、「挫折から最後には再生した」男たちの「男泣き」で締めくくられ、集団主義の男性の連帯が称揚され、中島みゆきの曲『地上の星』が、男たちを力づける「妹の力」(伝統的民俗信仰において兄弟を支える姉妹の霊力)として利用されている。

「滅私奉公」の問題点

四十七士的男性連帯(「名誉男性」としての女性を含む)の問題点は、戦後日本的な企業中心の「公/私」コードとの関連では、それが「滅私奉公」を要求する点にある。ここで日本における「公/私」の定義が問題となるが、ここではとりあえずのごくおおざっぱな作業仮説として、私は家内領域、日本における江戸時代の公は幕藩体制・明治国家の公は天皇制国家・戦後の公は企業社会としておく。近代における数多くの反体制運動も、その組織心性においては、多くの場合四十七士的男性連帯、「男の意地」と「集団主義」に規定され、運動形態においてはしばしば体制のカリカチュアのような姿に転落していった。

私は、けっして「滅私奉公」が無条件に悪だと言いたいのではない。「滅私」に値するほどの公もあるだろう。たとえば、本章の第5節でも言及する、今後発展することが期待される「新しい公共空間」がそうなる可能性はある。男性にせよ女性にせよ、公の世界に生きようとすれば「命を賭ける」必要が生じてくることはもちろんあるだろう。ただ、滅私奉公の倫理の問題点は、しばしば、人が公の世界に命を賭ける必要が生じたときに、私の世界に負い目を感じるどころか、私の世界をすっぱりと切り捨てることを要求することにある。『プロジェクトX』にしても、挑戦者の男たちが男泣きしている場面で完結せずに、負い目を感じなくてはならないはずの家族に「ありがとう。これまですまなかったね。これからは、家事するよ」と毎回エンディングにおいて感謝と謝罪をすべきだと思うのである。男性が公の世界に生きようとすればするほど、私の世界に負い目を増していくことを、佐藤忠男は「情感的論理の世界」と呼んで好んだ。一方で佐藤は、私の世界の切り捨てを要求する「忠誠」を嫌っていた［佐藤 2004］。

そうしたライフスタイルの政治の必要性は、フェミニズムがずっと主張しつづけてきたことである。このフェミニズムの主張にもかかわらずなかなか実現しなかった男性の変容の有望な道筋を、本章は、「女性の男性性」という概念を手がかりにして考えようとするものである。それでは、どのようなライフスタイルの政治が必要なのだろうか。これは、戦後の企業という仕事の領域を超える新しい公共空間をどう創造していくか、つまり「仕事の領域／家内領域」という戦後日本の「公／私」コードをいかに書き換えていくべきか、という問題である。私は、これは必要不可欠だが、けっして容易ではない作業だと考える。

5 『美少女戦士セーラームーン』の可能性――「公／私」コードの攪乱・反全体主義

「女性の男性性」の歴史性

古くは手塚治虫の『リボンの騎士』から、最近では『少女革命ウテナ』(後述)まで、日本の大衆文化にはいわゆる「戦闘美少女もの」の連綿たる系譜があり、とくに一九九〇年代以降、戦闘美少女ものは大流行である。これらの作品群を指して、斎藤環は「ファリック・ガール」という概念を用いている［斎藤 2000］。斎藤は少年マンガにおける戦闘美少女の流行を、日本の若い男性の社会不適応感の反映として分析している。私流にジェンダー論に引きつけて言い換えれば、日本の若い男性が従来の覇権的男性性にもはや自己同一化できなくなってきたことの反映である。

私は斎藤のこの結論には賛成だが、なぜファリック・ガールという精神分析用語を用いる必要があるのかという疑問が残る。

私は、ファリック・ガールという概念よりも、ハルバーシュタムの「女性の男性性」のほうがより適切な分析概念だと考える。ファリック・ガールという概念は超歴史性を含意してしまうが、ハルバーシュタムの「女性の男性性」という概念は、少なくとも中世の北条政子や巴御前以来の長い歴史的伝統と時代的変遷を踏まえることを可能にするからである。

江戸時代の「お侠」文化

たとえば、私は歴史学者でないので詳しいことはわからないが、江戸風俗研究家の杉浦日向子によれば、江戸時代中期以降の江戸（地方はまったく別である）の町人階級（武士階級はまったく別である）の女性の間では、当時の江戸では子どもの人口が少なく男性人口が過剰で女性の地位が相対的に高かったために、「お侠」という文字どおりの「女性の男性性」の文化が確立していたという。

「お侠（きゃん）」という言葉がありますね。おちゃっぴいは十四―十六くらいの娘さんに対して使います。おきゃんになりますと、十七、八くらいまで使います。このお侠の「侠」は侠客とか侠気など、男性に対して使う言葉でした。男気みたいな意味があり、お侠になると男勝りのお転婆さんということになります。おちゃっぴいがおしゃまさんで、お侠がお転婆さんになります。いずれにしても十代の女性に対して使います。（略）江戸という町は男性の方が圧倒的に多いわけなので、恋愛の主導権は女性が持っています。「命短し恋せよ乙女」というわけではありませんが、十四、五―十九までの短期決戦（笑）なわけですから。男性の誘いをまっているようなことをしていては嫁き遅れてしまいます。ゆえにデートに誘うのも、プロポーズするのも積極的にがんがん攻めていく。逆に男性の方が、その誘いを待っているわけです。男性は恋文をせっせと書いて送り、気に入られれば向こうから返事が返ってくるというわけです。せっせと書くのを「かつおぶし」といいます。かつおぶしってせっせとかきますよね。（削るときに）（略）

そんなわけですから、男性の方が気に入られようとむだ毛処理などをせっせとしたそうです。若い男性の間にエステブームが起きたりしました。つまり毛深いのが嫌われたりしたので、脱毛をしたりしました。あとは色白が好まれたので、美白などをしました。髭なども剃るのでは頬ずりなどをされたときにちくちくするので、抜くんです。まさに涙ぐましい努力ですよね。(^^;デートの前に時間がなくて、急いで髭を抜いたりすると……顔面血だらけになっちゃったりして、大変な苦労だったそうです。（略）遊女の持つなまめかしさや、武士の娘のもつ慎み深さとも違って、町の衆なりの女性像というのが確立したのが、江戸中期以降なんです。しかしなぜこんな元気な女の子が出てきたのでしょう。もともと男社会であったため、西部の開拓時代のような荒くれ男の間でもまれているようなじゃじゃ馬が喜ばれたのです。へなへな、なよなよとした人よりも元気印の人の方が素敵だな、と。「これを嫁さんにしたら俺は大丈夫だ。」という気になったのでしょう。（略）しかも男性相手の商売ですから女将さんが商売を切り盛りするようになりまして、女性が商売の大黒柱になっていて、亭主が遊んでいても女将さんさえしっかりしていれば大丈夫ということもありました。亭主にとってはまさに「山の神」ですね、女将さんは。(^^;[4]

明治民法は武士階級の「家」制度をモデルにした家族法を施行し、良妻賢母主義の教育を導入し、大正時代には西欧から性科学を導入して、同性愛を病理化した。こうしたことによって、江戸中期以降の「お侠」文化は抑圧されたのではないか。また、明治時代の終わりには第一期フェミニズムが登場したが、基本的に近代日本社会は、「女性の男性性」を「宝塚劇場」だけに封じ込めることを通じて、一般社会の「女性の男性性」を逆説的に抑圧していたのではないだろうか。それを、宝塚歌劇を愛好した手塚治虫がマンガとして再び一般社会に復活させたともいえる。一九九〇年代以降の「女性の男性性」は、江戸時代の「お侠」文化の復活としてもとらえることもできるかもしれない。

こうした点は、今後の歴史学者の本格的な実証研究を待ちたい。私は、江戸時代中期以降の江戸の町人階級の女性たちに『美少女戦士セーラームーン』を見せれば、すんなりと受容するのではないか、と想像している。

『美少女戦士セーラームーン』の可能性

「ファリック・ガール」という概念に対する批判に戻ろう。歴史的変遷をとらえることができるという理由以外にも、ファリック・ガールより「女性の男性性」のほうが分析概念として優れている理由がある。

斎藤環は、『セーラームーン』の主たる演出を担当していた幾原邦彦が監督を務め、レズビアニズムをゴールとして暗示している思春期の少女向けアニメ『少女革命ウテナ』（放映は一九九七年から）をトランスヴェスタイト（異性装）ものに分類して戦闘美少女ものからは除外しているが、「女性の男性性」という概念を用いれば両者を恣意的に区別する必要がなくなり、「異性愛／同性愛」という区分を超えて全体像をとらえられる。斎藤がアニメ『少女革命ウテナ』を戦闘美少女ものに含めないことの背景には、彼のヘテロセクシズム（異性愛中心主義）があるのかもしれない。

また、フェミニストの斎藤美奈子は、アニメに登場して男性戦闘集団の内部に身を置くヒロインたちを、実社会における「上司に都合のいいＯＬ像」に対応させて分析している［斎藤 1998］。確かに、一昔前のアニメには、この分析が妥当するヒロインが多かった。しかし、近年の戦闘美少女ものには、もはやこの分析に妥当しないヒロインが多い。一大転機となったのは、マンガ原作は一九九一年から、アニメ放映は一九九二年から始まった『美少女戦士セーラームーン』［武内 1992-1997］だろう。確かにセーラームーン戦士たちにも、タキシード仮面という応援してくれる男性が一人存在するが、彼は戦士たちを「守る人」というよりむしろ「見守る人」である。つまり、少年マンガの「マドンナ」の男性版であり、セーラー戦士たちは基本的に「少女だけの戦闘集団」である。この点が、あくまで男性のボスの下で活躍するアメリカの大衆文化の古典『チャーリーズ・エンジェル』などとの決定的な相違点である。

『セーラームーン』は、その後一九九〇年代に日本では「国民的アニメ」としての地位を確立し、それだけでなく世界中に輸出されている。いまでは「世界的アニメ」なのである。この作品は思春期までの低年齢の女の子の「お転婆」（tomboyism）に、従来よりもはるかに強力で積極的なお墨付きを与え、日本だけでなく世界の低年齢層の少女たちのジェンダーに大きな変化をもたらす契機となった。

セーラー戦士たちは、少女たちの「女性の男性性」を体現すると同時に、視聴者の少女たちが思春期以降、成人してからも、「女性の男性性」を抑圧せずに体現しつづける環境の地ならしをしていると考えられる。(5) その有力な傍証となるのが、思春期の女子高生のヒロインが「守られるお姫様よりも王子様になりたい」と宣言するまでに至った、後続するアニメ『少女革命ウテナ』である［さいとうちほ 1997-1998・次ページ図版参照］。

もちろん、主人公の月野うさぎをはじめとしてセーラー戦士たちは、戦士とはいえ、外見はお

© さいとうちほ・ビーパパス／小学館

しゃれで、内面はひじょうに女性っぽいのではないかという反論もあるだろう。番組制作者には、低年齢層の女子だけでなく、あわよくば男性をも視聴者として獲得しようという狙いがあり、男性視聴者の視線も意識したにちがいない。

私はこの反論に対して、次の二点で再反論したいと思う。

まず第一に、従来の女性性を体現しているかのようなプリンセス・月野うさぎのセーラー戦士の間での位置づけには、「女性にとっての理想の娘」としての側面があり、セーラー戦士のなかでも特殊である。評論家の荷宮和子は、いきなりかわいい盛りの年齢で登場し、ずっとその姿形のままで母親であるヒロインと友達のような関係を築いてくれる「ちびうさ」のマスメディアへの登場は、従来のタブーを破ったものとして大人の女性を驚愕させた、と分析している［荷宮 1996］。

第二に、こちらのほうがより重要なことだが、「外見がおしゃれで、内面が一見女性的」であることは、そうした女性が「女性の男性性」を体現していることと少しも矛盾しない。セーラー戦士の「女性の男性性」は「男性の男性性」とは異質なものであり、彼女たちの戦闘能力によっ

© さいとうちほ・ビーパパス／小学館

て担保されているのである。セーラー服は、そもそもは軍服（水兵服）であったのである。

さてここで、ハルバーシュタムの議論に立ち返って検討を加えてみよう。ハルバーシュタムの先駆的業績には、確かにまだ未完成の部分もある。彼女は、アングロ・アメリカ文化における レズビアニズムとトランスジェンダリズムにおける「女性の男性性」の伝統については実証的分析をおこなったが、異性愛女性の男性性についてはまだまとまった検討を加えていないし、アングロ・アメリカ文化以外の「女性の男性性」についても検討を加えていない。また、「女性の男性性」は女性嫌悪から無縁であるという彼女の議論は、アメリカにはレズビアン・カップル用のDVシェルターも存在することを考えれば、楽観的に過ぎるのではないか。

さらに彼女は、『『女性の男性性』はオルタナティヴな『男性の男性性』のモデルになる可能性がある」と主張している［Halberstam 2002］。私はその可能性には同意するが、あらゆる種類の"Female Masculinities"（複数形）がオルタナティヴな男性性のモデルになるとは思えない。「ある条件の下では」という制約を付け加える必要性を感じる。

それでは、どのような条件の下では「女性の男性性」はオルタナティヴな「男性の男性性」のモデルになりうるのだろうか。私は、『セーラームーン』にそうした可能性の萌芽を感じるのである。(6)「事実、『セーラームーン』はいままでの女の子アニメよりはるかに多く、主人公・月野うさぎたちの日常が描かれている。そしてその最終回では、うさぎは大切な友だち、その友だちのいる世界、友だちとの日常を守るために戦った。決して世界のためでも地球のためでもない。自分の知る範囲での自分の大切なものを守るためだけに戦ったのだ。だからこそヒーローではなく少女『個人』の戦いとして、あの最終回は女の子の心に刻まれたことと思う」[7]

『セーラームーン』（第一シリーズ）の最終回「セーラー戦士死す」は、セーラー戦士全員が戦死する（ただし転生が暗示されている）という衝撃的な幕切れであったが、この最終回では、ウサギたちセーラー戦士全員が、家族の団らん・ボーイフレンドとの交流などを想起しながら死んでいく。誰一人として、「地球人類のために」を想起して死んでいく者はいない。ましてや、日本という近代国民国家など念頭にすら置かれていない。

「公／私」コードの攪乱と反全体主義

ここに表現されている感性は、近代の「意地の系譜」と「集団主義」における滅私奉公という従来の「公／私」コードに挑戦し、それを攪乱する性質のものであり、全体主義を否定する。セーラー戦士たちは社会で悪と戦うのだが、戦後的日本の「公／私」コードとの関わりでは、「自分が戦うのはあくまで自分たちのためであり、滅私奉公は絶対に認めない」と宣言していると解釈できるだろう。

もちろん、「公で戦うのはあくまで私のためである」という要素なら、戦前の言説にもあった。とくに、学徒動員者など素朴に国家の大義を信じられない人々による妻や恋人や妹や将来の子どもたちへの愛にも見られた。ここには、戦うための理屈づけという側面があっただろう。いわゆる戦争の密教の論理である。小林よしのりもそこを使いつつ市民を国家に回収しようとしている。『『自分のために』を越えたところに『公＝国家が現れる』」「『自分のために』を越えた時『愛するもののために』の向こうに『国のために』が立ち上がってくる」[8]。小林は、「公＝近代的国民国家」という理論的短絡・論理的錯誤を犯しており、「近代的国民国家を超越したグローバルな市民的公共性・公共圏」という発想がまったくできないようである。

しかしながら、『セーラームーン』の最終回に見られるような「滅私奉公は絶対に認めない」という新たな感性は、近代的国民国家など完全に超越した徹底した「反全体主義宣言」なのであり、前記のような戦前の密教的言説や小林の「戦争に行きますか、それとも日本人やめますか」という「戦争論」には見られなかった要素である。大げさに表現すれば、こうした感性は、三百年間持続した四十七士的男性連帯・「(男の) 意地の系譜」と「集団主義」の覇権に対する「革命宣言」である。

「滅私奉公」から「反公」および「反私化」へ

もちろん、反「滅私奉公」には、「反公」から一気に市民的公共性を欠いた、悪い意味での「私化」へと転じていく危険性と裏腹である。とくに、市場原理主義の浸透で日本的経営が崩壊しつつある現在、ひたすら「自分のためにやる」というのは、「市民の新たなライフスタイルの確立に寄与する」どころか、自己決定、自己責任を求める「新自由主義的公共性」へ回収される危険と裏腹だろう。

『戦闘美少女の精神分析』を著した精神科医の斎藤環が、「社会的引きこもり」問題を専門としていることは示唆的であり、反「滅私奉公」が一気に悪い意味での「私化」に転落する危険性を傍証している。現代は、おそらく過渡期であり、「戦後日本的・企業的な公から悪い意味での私へと全面撤退する」一部の若者（とくに男性）の病理、たとえばすでに百万人に達した「社会的引きこもり」も、新しいジェンダー文化と公共空間を生み出すまでの産みの苦しみとしての側面もあると考えられる。しかしながら、私が「公／私」コードの攪乱・反全体主義という用語で表現したいことは、「反公」だけではなく「反私化」・反エゴイズムとなるジェンダー文化とライフスタイル、新たな共同性のことである。

冒頭のエピグラフに掲げたアニメのなかのセリフは、「反公」であると同時に「反私化」でもある新たな市民的公共性・共同性のあり方を暗示している。「たとえ世界が助かっても、りりかが死んだら何にもならないじゃないか！」というセリフは、「反公」を象徴している。しかし、このアニメの主人公である少女りりかは、やはり「自分が愛する人たちと自分を愛してくれる人たち」のために「自己犠牲」して死んでいき、なおかつ「私の記憶を消してください」というかたちで、イエスを凌ぐ「身近な人たち」への最大限の思いやりを示す。これは最大限の「反私化」の表現である。戦後日本的な「公／私」コードを攪乱するためには、従来の「抽象的で大文字の」公を徹底的に否定するだけではなく、あくまで「自分」を出発点として、身近で具体的な

「愛し、愛される」、日本風に言えば「生かし、生かされる」人間関係を築いていく必要がある。現代日本の大衆文化における「女性の男性性」すべてにそうした「反私化」と新たな公共性・共同性の要素が書き込まれているとは思わないが、少なくとも一大転機となった『美少女戦士セーラームーン』のなかには、間違いなくそうした強い「反私化」と新たな公共性・共同性の物語が書き込まれているといえるだろう。

「男性の男性性」の変容

こうした戦後日本的な「公／私」コードを攪乱することと反全体主義的なライフスタイルは、『セーラームーン』に続く思春期までの低年齢の少女向け大衆文化の一部（もちろんすべてではない）だけでなく、少年向け・成人向けの大衆文化にまで影響力を及ぼしたり、「男性の男性性」の変容と共鳴現象を起こしつつある。バトラーが指摘するように、ジェンダーが「名詞ではなく動詞」で「起源なきコピー」である以上、「女性の男性性」は「男性の男性性」にもコピーされていくのである［Butler 1992(1999)］。こうした従来の「公／私」コードの攪乱と反全体主義のライフスタイルが少年向け・成人向けの大衆文化にまで表現されている例として、ここでは鈴木光司の小説『ループ』と岩明均のマンガ『寄生獣』を取り上げる。両方とも大ベストセラーとなったからである。

専業主夫の経験をもち、「マッチョなフェミニスト」を自称する「文壇一の子育てパパ」鈴木光司は、ＳＦホラー小説『ループ』（『リング』三部作のラスト）において、男性主人公に、「地球人類全体を救うか、死んだ自分の息子を蘇らせるか、どちらかを選べ」と究極の選択を迫られ、自分の息子の命のほうを選択する［鈴木 2000］。鈴木光司の「リング三部作」は、レイプ殺人された女性が全人類を自分のクローンにしようと企て、男性主人公と対決するという筋である。私はここに、生殖技術の進展によって「精子を提供する性」としても理論的には無用になった男性の深い自己反省を感じる。一九九〇年代のホラーには、「女性的なるものが単性生殖を始める」という筋のものが多かった［ex. 瀬名 1996］。このようなホラーは、男性が女性に対して無意識になにがしかの後ろめたさを感じる社会において、人々の恐怖感を喚起するものだろう。ただし、鈴木が「マッチョな」フェミニストを名乗り、男性アイデンティティを「筋肉」（女性や子どもを物理的に「守る」力）に求めている点には、私は彼の男性性の世代的な限界を感じる。

岩明均のＳＦホラー・マンガ『寄生獣』は、「このマンガには、恐怖と友情と愛がある」というコピーのついた、総計一千万部以上を売り上げた日本マンガの一大傑作である。絵が上手いとは私には思えないが、岩明の Deep Thinker（物事を深く考える人）ぶりがいかんなく発揮されている。地球環境問題を扱っているのだが、もはや目線を人間においていない（人間中心主義を脱却している）ところが凄い。パラサイトに右手だけを乗っ取られ、奇妙な共生関係を結ぶようになった少年主人公は、「人間の頭部を乗っ取って、人間だけを食糧にする」自然界から発生したパラサイトたちとの死闘をラストで振り返って、「それは自分たちと自分の愛する人間たちを守

『寄生獣』© 岩明均／講談社

る戦いであって、決して地球人類を守るための戦いではなかった」と概括する［岩明 1990-1995・図版参照］。その後の作品においても、岩明は明らかにオルタナティヴな男性性の模索を続けている［ex. 岩明 2004・次ページ図版参照］。

このようにして戦後日本的な「公／私」コードを攪乱し全体主義を拒絶することこそが、日本において「女性の男性性」がオルタナティヴな「男性性の男性性」になりうる条件だと考えられる。

岩明の「自分の身近な人たちを守る戦いはやむを得ないが、地球人類という抽象的なものを守る戦いは認めない」という感性、鈴木の「地球人類という抽象的なものよりも、自分の息子という身近な他者を優先させる」感性は、『セーラームーン』における「女性の男性性」の波及／等価物とまでは言わないが、『セーラームーン』にその萌芽が見られた「公／私」コードの攪乱・反全体主義宣言と時代性を共有している性質のものだと考えられる。「地球人類のために」のよう

はっぐ……
剣と拳闘なんて
全然違うはずなのに
あの女の姿を
思い浮かべると
何でだか
体がすごく
上手《うま》く動く
『ヒストリエ』© 岩明均／講談社

な抽象的なお題目は、その高度な抽象性と反論が難しい響きのよさゆえに、戦前の「大東亜共栄圏」などと同様に、私生活の切り捨てと「集団で意地を貫く」ことを要求する戦後日本的な企業文化や全体主義的な国民国家の政治体制に利用される危険が高いのである。

『セーラームーン』の「女性の男性性」にその萌芽が見られ、鈴木光司や岩明均の「男性の男性性」にも観察される現在日本の大衆文化におけるオルタナティヴな男性性は、近代日本の覇権的男性性の大枠をかたちづくっている「意地の系譜」や「集団主義」と共謀しない、けっして「意気地なし」ではないが過剰には意地を張らない「しなやかな」「個人主義的」男性性となり、仕事と私生活をうまく両立させ、地域生活にも参加し、政治体制が全体主義的な動きをとってもけっしてそれに回収されない市民の新たなライフスタイルの確立に大きく寄与する可能性が高い。

以上、日本では、従来の「公／私」コードを攪乱する反全体主義的な「女性の男性性」こそがオルタナティヴな男性性となりうるのではないか、そして一部の日本人、とりわけ若い女性にはすでにそうした感性が浸透しはじめているのではないか、という議論を展開した。

6　オルタナティヴな男性性の可能性

最後にこの節では、こうしたオルタナティヴな男性性が、現代的な高度管理社会における「新しい社会運動」［山之内 1995］に繋がる可能性があるのではないか、という展望を述べてみたい。社会科学者の山之内靖は、従来型の社会運動に徐々に取って変わりつつある「新しい社会運動」について、環境運動・尊厳死運動・フェミニズムの一部・エスニックな価値の再評価を掲げる運動の一部・あるいは地域に固有な生活スタイルの保存や開発をめざす運動の一部を例に挙げながら、以下のようにまとめている。

ここでは、社会的出自にかかわりなく、運動が掲げるシンボル的目標に共鳴する人々が集合する。ここでは、運動は自分たちの生活スタイルをめぐる文化的ないし美的な新しい価値の表現に力点をおくのであり、自分たちの市民的権利の国民国家レベルでの制度化を目指すのではない(9)。

山之内の言う「生活スタイルをめぐる運動」は、私の言う、戦後日本的な「公／私」コードを攪乱する反全体主義的なオルタナティヴな男性性と深い親和性をもつように思われる。私がオルタナティヴな男性性の例として挙げたアニメ『美少女戦士セーラームーン』・鈴木光司の小説・マンガ『寄生獣』は、いずれも日本という国民国家の枠組みを超えて、世界中に輸出されている。鈴木光司の『リング』の映画ハリウッド・リメイク版もアメリカで大ヒットした。また二〇〇三年には、アメリカのハリウッドは『寄生獣』の映画化を決定した。ここでは、グローバル化の急速な進行のなかで、オルタナティヴな男性性の国民国家を超えた「男性性の輸出入」が発生しているのである。

私は、少し大げさに聞こえるかもしれないが、近代の男性中心社会から無視・排除されていただけで、じつは長い歴史と伝統をもつ日本の「女性の男性性」が、現代の大衆文化のなかでオルタナティヴな男性性として開花し、「男性の男性性」の変容と共鳴しながら、ハリウッドの助けも得てグローバルに広がることが、世界の人々の日常生活にどのような変化とどのような「新しい社会運動」と「新たな公共空間」をもたらすのか、大いに期待している。

もちろん、オルタナティヴな男性性という「思想」が、現実の社会「運動」に結びつくのはそう簡単ではないはずだ、という反論もあるだろう。本章の最初で述べたように、私は現実に実現可能な将来的シナリオのひとつを描いているにすぎない。しかし、グローバルなスケールかつ長期的タイムスパンで見れば、地球人類にとって、民主化に伴う「女性のエンパワーメント」は不可逆的に進行するプロセスだろうから、十分に実現可能なシナリオである。「近代社会において抑圧されてきた『女性の男性性』こそが、オルタナティヴな男性性であり、新たな市民的公共性の基盤である」という議論には、まったく実証的根拠がないと言うわけでもない。最後に、現代日本の女性自衛官にインタビューしたビジュアルアーチストの証言を、思想が運動に結びつきはじめた兆候として取り上げておきたい。「戦争行きますか、それとも日本人やめますか」という小林よしのりに聞かせてやりたいようなインタビュー結果である。

少なくともこの時点〔熊田注――「戦争は無い方がいいですが」「あってはならないことですが」という前提付きの時点〕では、戦闘参加を言う人たちも、「防衛」以外のところでの戦闘というものは全く想像外だったようです。その「防衛」も「国を守る」というよりは「身近な人の命や生活を守るため」という言葉で語られていました。そういう「女子教育」があるのかもしれないけれど、大上段に構えて「国家」を語ったり、「お国のために働いているんだ」と偉そうにする人は一人もいなくて、それは上司の男性隊員たちに比べて確実に違う態度でした。「国」という言葉さえ、誰も使わなかったように記憶しています。[10]

注

（1）ＮＨＫ公式サイト「プロジェクトＸ――挑戦者たち」http://www.nhk.or.jp/projectx/projectx/projectx.html）、二〇〇三年

（2）コンネルは家父長制（patriarchy）という用語を用いているが、この用語には多義的な意味があるので、本書では「男性が男性であるということだけで優遇されるシステム」のことは「男性中心主義」と呼ぶことにする。

（3）佐藤忠男『忠臣蔵――意地の系譜』朝日新聞社、一九七六年、四六―四七ページ

（4）杉浦日向子ほか「杉浦日向子のおもしろ講座（2002/09/27）」http://www.geocities.co.jp/Playtown/6757/020927.htmlhttp://www.geocities.co.jp/Playtown/6757/020927.html）、二〇〇二年

（5）このように書くと、「女性の男性性」は暴力性と不可分ではないかと批判されるかもしれないが、『セーラームーン』は表象・ファンタジーの世界であり、現実の暴力性と直結させて考えるべきではない。

（6）ただし、私が感じるのはあくまでオルタナティヴな男性性の「萌芽」であって、けっして『セーラームーン』全体にこうしたオルタナティヴな男性性が見られるとは思っていない。私は、できるだけ『セーラームーン』の新しい可能性を読み込もうとしている。

（7）黒田一茂「魔法少女『サミー』と変身少女『りりか』――二つの終着点」『ポップ・カルチャー・クリティーク（2）少女たちの戦歴』青弓社、一九九八年、八二ページ、強調は原文のまま

（8）小林よしのり『新ゴーマニズム宣言SPECIAL――戦争論』幻冬舎、一九九八年、三五二―三五三ページ

（9）山之内靖「方法論的序説」山之内ほか編『総力戦と現代化』柏書房、一九九五年、三八ページ

（10）嶋田美子「近いイメージ／遠いイメージ」「現代思想」三二巻七号所収、二〇〇四年、二二一ページ

ノート——Ⅱ

新自由主義と「身近な愛」

新自由主義に対する「共同性の再建」と「適応的変容」

第2章では、先進国でようやく登場した「百合」（非ポルノの女性同性愛ファンタジー）を愛好する男性たちの男性性を分析する。第1章と同様、ここでも従来の「忠臣蔵＝プロジェクトX」的な覇権的男性性に代わる新たなオルタナティヴな男性性を模索する動きを分析する。しかし、本章で分析する男性たちは、第1章と異なり、男性性をめぐる心理的な葛藤を抱えた男性たちである。また、ここではオルタナティヴな男性性を、ジェンダーからセクシュアリティ（性現象）の水準、恋愛のファンタジーや性的なファンタジーの水準にまで掘り下げて分析するものである。

しかしながら、第1章と第2章で分析されるオルタナティヴな男性性は、「身近な愛」、おかしな理想化や不快な強迫観念から自由な、自分のよく知っているものでできた愛、というテーマで共通している。第1章では、それを「反全体主義」という言葉で表現した。

それでは、どうしてオルタナティヴな男性性を追求する大衆文化の動向が、「身近な愛」というテーマに収斂されていくのだろうか。その背後には、日本では、とくに一九九〇年代（バブル経済崩壊後の長期不況・「失われた十年」）以降、グローバリゼーションの深化と小泉改革によって加速された新自由主義（小さな政府と市場主義的競争原理）があると考えられる。オルタナティヴな男性性を追求する大衆文化における「身近な愛」というテーマは、新自由主義に対して、資本主義的競争原理によって分断されていく人々との「共同性の再建」の試みでもあり、「適応的変容」でもあると考えられる。

グローバルな資本主義的世界システムの運動は、一九九〇年代において、先進国においては「福祉国家から新自由主義へ」、発展途上国においては「貧困の女性化」という潮流を生んだ。女性の貧困化とは、グローバライゼーションの深化によって拡大した貧富の格差が、「弱者のなかの弱者」である発展途上国の女性にしわ寄せされていくことである。新自由主義的政治体制下の厳しい資本主義的競争原理と「自己責任」の追求のもとでは、人々は分断され、人々との絆は弱体化されていく。

資本主義的競争原理による人々の分断

国際政治学者の土佐弘之は、現代の資本主義的世界システムの運動下で、人々が個別化・個人主義化することによって分断されていくメカニズムを以下のように説明する。

個別化が世界システムという構造的権力により直接的につながるようになってきたのは、やはりグローバリゼーションの深化によるものであろう。ウォーレンステインの言うように、インターステイト・システムつまりウェストファリア・システム〔熊田注――複数の主権国家によって構成される国際システムの一類型〕が世界システムの上部構造として独自の機能を果たしてきたとするならば、世界システムという下部構造の変化に、上部構造のウェストファリア・システムという制度が適応できなくなり、その力を失い始めたことにより、個別化が制度的権力（国家権力も含む）をバイパスして、世界システムという構造的権力により直結するようになったということである。[1]

グローバライゼーションの深化に伴う先進国の「福祉社会から新自由主義へ」という潮流は、「主権国家による富の再分配」というクッションの機能を低下させ、世界システムの資本主義的競争原理を主権国家内部に徹底させることにより、資本主義のむき出しの暴力性によって、人々との間の絆を弱体化させたのである。

若者の「適応的変容」

「共同性の再建」の試みとは、言い換えれば、新自由主義と平成大不況に対する日本の若者の「適応的変容」でもあり、「能力主義」に支配されない生き方への若者の「ヴィジョンの変化の兆候」を暗示するものでもある。

社会学者の豊泉周治は、日本の若者の適応的変容について以下のように論じる。

「他人に負けないようにがんばる」のではなく、「のんびりと自分の人生を楽しむ」というコンサマトリーな生き方を望むいまの多数派の若者たちは、村上〔村上泰亮『産業社会の病理』中央公論社、一九七五年〕や千石〔千石保『「まじめ」の崩壊』サイマル出版会、一九九一年〕の批判したコンサマトリー化した若者像とはおよそ異なる存在である。村上や千石にとってコンサマトリー化は産業社会の根幹を揺るがす「病理」と映ったが、いまの若者にとってそれは、「能力主義の虚構」が露呈した不平等な社会において、機会を剥奪されてなお「矜持」をもって「幸せ」に生きようとする「努力の終焉からの再出発」〔安田雪『働きたいのに…高校生就職難の社会構造』勁草書房、二〇〇三年〕なのだと言えよう。実際、「他人に負けないようにがんばる」という努力が終焉しつつあるということは、しばしば落胆をもって指摘されるように、一般に中高生の学習時間が大きく減少しているとされる点にも見られる。その問題は従来、「ゆとり教育」の可否をめぐって「学力低下」の面から議論されてきたが、ここで言えば、それは「能力主義の虚構」が露呈されてきた社会における、若者の「適応的変容」の結果であり、もとより歪みを含むとはいえ、「能力主義」に支配されない生き方への若者の「ヴィジョン」の変化の兆候を暗示するものでもある。[2]（〔　〕は熊田注）

『美少女戦士セーラームーン』から『マリア様がみてる』へ

第1章で「反全体主義」、第2章で「身近な愛」と呼んでいる、オルタナティヴな男性性を追求する大衆文化の新たな動向は、以上のようなグローバリゼーションの深化・新自由主義・平成大不況・社会階層の二極分解と固定化という社会構造の変化に対する若者の「共同性の再建」の試みや「適応的変容」として捉えることができる。そうした要素は、第1章で分析した『美少女戦士セーラームーン』よりも第2章で分析する『マリア様がみてる』にはるかに顕著に観察される。それは、前者のマンガ連載が始まった一九九一年という時期と、後者の小説の刊行が始まった一九九九年という時期との間の期間に日本社会で生じた社会構造の変化を反映したものだろう。

注

（1）土佐弘之『グローバル／ジェンダー・ポリティックス——国際関係論とフェミニズム』世界思想社、二〇〇〇年、二二三ページ

（2）豊泉周治「『こころの時代』と『多幸な』若者たち」「社会文化研究」第七号所収、社会文化学会、二〇〇四年、八三ページ

第2章▼ヤオイ女性と百合男性が出会うとき

――親密性は変容するか

キーワード……百合／ヤオイ／ジェンダーをめぐる葛藤／思考実験と避難／親密性の変容

――ごきげんよう、お姉様（今野雪緒『マリア様がみてる』〔1999-〕より）

本章の目的は、現代日本の大衆文化において台頭しつつある「百合＝ガールズ・ラヴ」（非レズビアンの立場から書かれた非ポルノの女性同性愛ファンタジー）文化を紹介し、百合文化を支持する男性たちの男性性をジェンダー研究の立場から考察し、いくつかの仮説とその傍証を提出することにある。百合文化は、「ヤオイ＝ボーイズ・ラヴ」（女性向け男性同性愛ファンタジー）に約二十年遅れてアニメ『美少女戦士セーラームーン』を大きな契機として、女性だけでなく男性の支持者も増やしはじめ、現在少女小説＝アニメ『マリア様がみてる』とともに裾野を拡大しつつある。(1)ヤオイ文化を支持する女性たちについては、旧来の女性ジェンダー＝女性性を生真面目に内面化している反面、「対等な対」への志向が強く、「対等な対」のあり方に思いをめぐらせる思考実験あるいは避難の場所として「男性同性愛」という形式が必要とされているのではないか、そしてそれは、伝統的なジェンダー規範を変容させようという傾向を媒介として、現実社会への潜在的な出口となっているのではないか、という実証研究がある。(2)百合文化についても、同じことが言えるのではないか。アンソニー・ギデンズが予想した、後期近代（ポストモダン）における

「親密性の変容」は、あまりにも楽観的な予想であったが、長期的タイムスパンに立てば、先進国における男性性の変容は、ゆっくりと進行しはじめているのではないだろうか。[3] こうした仮説を、『マリア様がみてる』の作品分析を通じて傍証してみたい。

1　百合とは何か

「現代百合の基礎知識」によれば、「百合」（＝ガールズ・ラヴ）とは、次のように定義される日本の大衆文化の現時点ではマイナーなジャンル、もしくはジャンルとしての地位を獲得しようとしている領域である［中里 2002a］。「非レズビアンの立場から書かれた非ポルノの女性同性愛（もしくはそれに近いもの）のストーリー」。つまり、レズビアンがレズビアンとして書いた女同士の恋愛小説は百合ではない。ゲイ雑誌に載っている小説がボーイズ・ラヴ（＝ヤオイ）ではないのと同じである（「非レズビアンの立場」であって、「非レズビアン」でないところに注目）。便宜上、ポルノも百合から除外する。ヘテロ男性向けに女同士物がジャンルとして成立しており、これと百合とを明確に区別する必要があるからである。しかしポルノにも、百合的なものが少なからず含まれている場合がある。ポルノと非ポルノの境界線を厳密に定めるのは、ややナンセンスだろう。

百合を含む作品のことを、「百合物件」とも呼ぶ。小説・マンガ・映画・ゲームなどにおける百合物件のなかでも、百合をメインテーマにするもので、たとえば主人公が男とくっついて終わるなどというような裏切りなどがないものを、「純正な百合物件」と呼ぶ。ただし、主人公が男とくっついたりしても、右の条件を満たしていれば、純正な百合物件として認められる。なお、ふたなり（インターセックス）、女装、魔法で変身したもの、性転換は、いずれの例外もなく百合ではない。生物学的に女でも、男性として育った場合や、性自認が男性である場合も同様である。

代表的な百合物件は、なにをおいてもまず、『美少女戦士セーラームーン』（マンガ連載は一九九一年から、アニメ放映は一九九二年から）、略称『セラムン』である。武内道子によるマンガ版よりも、テレビアニメ版のほうが、百合的にはより重要である。私は、アニメ版のほうが同人界にインパクトが強かったのは、優れた演出効果のためにビジュアル的に優れていたためだと想像している。セラムンSに登場した天王はるかと海王みちるのカップルは、同人界に一大ブームを巻き起こし、百合の新時代をきりひらく破城槌となった。現在（二〇〇二年時点）もっとも影響力をもっている百合物件は、『マリア様がみてる』［今野 1999-2005］、略称『マリみて』であり、同人界に与えたインパクトは、マンガ＝アニメ『少女革命ウテナ』以後最大のもので、現在も拡大を続けている。

『少女革命ウテナ』［さいとう 1997-1998］（アニメ放映は一九九七年から）は、「強い女の人って憧れる」「私は、守られるお姫様より王子様になりたい」と思っているスポーツ万能でピンクの学ランにスパッツという出で立ちで登校する女子高生・天堂ウテナが、高校の女子生徒の間でスターとなり、学園の男性中心主義に戦いを挑んで、ついには学園の男性中心主義を打破して、学園の男性支配者たちに従属していた少女・姫宮アンシーを救出する物語である。大胆に性を暗示する模写やシュールレアリスティックな画面構成でも話題になった。

ところで、歴史的にも重要な百合物件として吉屋信子の少女小説がある。当時（大正から昭和初期）は絶大な人気を誇り、少なからぬ数の模倣者がいた。吉屋信子は、近代日本を代表する女性の大衆流行作家の一人で、戦後は男性描写にも優れた力量を発揮したが、現代では「元祖・少女小説」「隠れフェミニスト」「名乗らざるレズビアン」とも評されている。実際に彼女は、生涯女性を同居パートナーとして生活していた。現代作家の百合にも、吉屋信子の影響は残っている。現代日本最大の百合物件である『マリみて』については、後で詳しく説明したい。

中里一は、「百合論がわからなくなる」において、百合のテーマの変遷を以下のように要約する[4]［中里 2002b］。吉屋信子的理想化は、「高邁な魂を呼び合う二人」というかたちに整えられ、目立たぬながら一九八〇年代まで受け継がれた。一九七〇年代以降は、「愛ゆえに孤立」というテーマが見られるようになる。愛は高邁な理想であり、同性愛だからといって引き裂かれそうになるのは愛への冒涜であり試練である、というテーマである。「高邁な魂を呼び合う二人」も「愛ゆえの孤立」というテーマも、女性にとってはともかく男性にとってはあまり魅力的なテーマではなかった。すべてを一変させたのが『セラムン』である。新しいテーマは、「身近な愛」である。おかしな理想化や不快な強迫観念から自由な、自分のよく知っているものでできた愛、というテーマである。一九八〇年代から浮上してきたテーマだが、『セラムン』以降には完全に他のテーマを圧倒している。

中里は、百合において、現在『マリみて』に代表されるような「身近な愛」に取って代わるテーマが出現する可能性を予感し、またいくぶんそれを期待しているようだが、私は「身近な愛」が最終テーマであると予想し、またそうなることを強く期待している。

ヘテロ男性という立場性に立って男性性の変容を論じようとする私の立場からは、一九九〇年代の『セラムン』革命以降、従来はほとんど女性だけであった百合の支持者が、男性にまで支持基盤を広げ、現在『マリみて』によって、男性全体から見れば依然マイナーであるとはいえ、男性の支持者が急増していることが注目される。なぜ、『セラムン』以降、とくに『マリみて』以降、百合を支持する男性が急増しているのだろうか？　一九九〇年代以降急増してきた百合を支持する男性たちは、なぜ百合を必要とするのだろう？　もちろん、最近はボーイズ・ラヴを愛好する男性も出現しているが、男性には女性ほどには支持されないことは、説明不要だろう。では、百合を支持する男性たちは、なぜ従来のヘテロ・カップルものや「女同士ポルノ」では満足できなくなったのだろうか？　いかなる動機が、彼らを百合に駆り立てているのだろうか？　この問題を考察するためには、百合に先行したヤオイを支持する女性たちが抱えるジェンダーをめぐる問題を理解することが、重要な手がかりとなるだろう。

2　ヤオイ愛好者女性の女性性をめぐる葛藤

一九七〇年代後半以降の日本におけるヤオイ＝ボーイズ・ラヴ文化の隆盛について言及した論考は枚挙にいとまがないが、本格的な社会学的実証研究としては、岩井阿礼の論文を古典的考察として挙げることができる［岩井 1995］。岩井は、一九七〇年代半ばから後半にかけてヤオイ＝ボーイズ・ラヴという女性によって生産された「女性向け男性同性愛ファンタジー」を分析の対象とし、そのようなファンタジーの生産者・消費者である女性に対して各種の質的・量的社会調査をおこなっている。そして、調査結果にもとづいて、以下のような説得力のある考察をする。

女性達が性的表現の主体として登場したとき、多くの女性達が、常識的に予測される「男女の対」ではない、「男性同性愛」という形式を選択した。それは、一見奇妙な選択であるように見えたが、男性同性愛ファンタジー関与者たちは、「対等な対」を求める傾向が強く、その一方で性役割の認知について生真面目と言っていいほどに伝統的であるため、より激しい性役割葛藤をもっており、「女性」という記号から離れた場所で「対等な対」のあり方に思いをめぐらせる思考実験あるいは避難の場所として、「男性同性愛」という形式を必要としたのだと推測できる。そして、それらの実験は、男性同性愛ファンタジー関与者の、伝統的性役割規範を変容させようとする傾向を媒介として、現実社会への潜在的な出口をもっているといえるのではないだろうか。(5)

ここで、ヤオイを愛好する女性たちと摂食障害に苦しむ女性たちの類似性について、考察を加えておきたい。心理学者の小倉千加子は、摂食障害のクライアントである女性たちについて、「女性的ジェンダーから解放されるためのエンパワーメント」の必要性を主張している〔小倉 2001〕。また、セラピストの森川早苗は、摂食障害のクライアントである女性たちの抱える女性性をめぐる葛藤について論じた先駆的論文において、以下のように分析している〔森川 1979〕。

Anorexia Nervosa〔熊田注――摂食障害の昔の診断名〕のクライアントたちは、社会からの圧力を認知し、女性の置かれている立場に反発するが、その不合理性を追求せず、女がイヤになり、「男だったら」と思う。男性優位を受け入れており、他者から規定された「女性」の概念で自分を見ていく。

「クライアントたちは社会から割り当てられた性役割に強烈に反発し、拒否しながら、それを演じないことに苦しんでいる」のだが、彼女たちは、保守的な男性精神科医が言うように、「自己の存在様式に固執し、周囲を改変していく」のではなく、逆にそれが「不可能だと思いこんでいる」ことがその病気の本質である、と森川は分析する。したがって、その治療とは、「割り当てられた役割を演じることではなく、演じない、演じそこなうことに苦しまなくなることであろう」と結論づける。岩井や森川の議論を本論に引きつけて言い換えれば、摂食障害のクライアントである女性たちは、生来の生真面目さゆえに、人一倍強烈な「女性性をめぐる葛藤」を抱えているのである。

摂食障害のクライアントである女性たちの抱えている女性性をめぐる葛藤は、岩井が分析したヤオイ愛好者の抱えている女性性をめぐる葛藤と、程度の違いこそあれ、同じ性質のものだろう。両者はともに、生真面目に内面化した古い女性ジェンダー＝女性性（たとえば良妻賢母主義）と、自立＝「対等な対」への要求＝親密性への要求という新しい女性ジェンダー＝女性性の間で葛藤しているのである。「ヤオイ＝ボーイズ・ラヴ」というジャンルが日本の大衆文化に台頭してきたのと、摂食障害が女性の時代の病理として注目されるようになったのが、一九七〇年代後半というほぼ同時期であったことは、けっして偶然ではあるまい。ヤオイ文化には、下手をすると摂食障害になりかねない女性たちのセーフティ・ネットとしての側面もあるのかもしれない。

3　百合愛好者男性の男性性をめぐる葛藤とは

岩井が女性向け男性同性愛ファンタジーの生産者について考察したことは、そのまま男性向け女性同性愛愛好者についても当てはまるのではないか。女性同性愛ファンタジー関与者たちは、「対等な対」を求める傾向が強く、その一方で男性ジェンダー＝男性性の内面化について生真面目と言っていいほどに伝統的であるため、より激しいジェンダーをめぐる葛藤を抱えており、「男性」という記号から離れた場所で「対等な対」のあり方に思いをめぐらせる思考実験あるいは避難の場所として、「女性同性愛」という形式を必要とした、そしてそれは、伝統的ジェンダー規範を変容させようという傾向を媒介として、現実社会への潜在的な出口をもっているのだと推測できる。

このように述べると、男性向けの百合が登場した一九九〇年代というポストモダン・後期近代という時代においては、もうすでに近代的な男性ジェンダー＝男性性は大きく変容していたのではないか、したがってヤオイ愛好者の抱えるような女性性をめぐる葛藤は男性とは無縁ではないか、という反論を受けるかもしれない。

では、一九七〇年代から九〇年代にかけて、日本人の男性性に根本的な変容がもたらされたのだろうか。答えはノーである。マンガ評論家のササキバラ・ゴウは、マンガ・アニメなどの日本の大衆文化における「美少女」像の一九七〇年代以降の変遷を風俗史の観点から論じ、「美少女論」ではなく美少女をさかんに論じる「男性」に焦点を当てて分析している［ササキバラ 2004］。ササキバラによれば、一九七〇年代以降、「戦う根拠」を失った少年たちは少女を新たな根拠としはじめ、やがて少女の「内面」を理解しなければならないと感じるようになり、旧来の、少女の内面を考慮することなしに少女を見る「オヤジ的エッチな視線」を離脱し、「フェミニスト的偽装」をするようになる。その典型が、村上春樹の小説である。学生運動の時代に青春を送った村上春樹は、現代日本を代表する流行作家で、高度消費資本主義社会に生きる人々を描き、「日本でノーベル賞に一番近い作家」というひじょうに高い評価を受ける一方で、高度消費資本主義社会に「自閉した作家」、反フェミニズムの作家、という否定的評価も少なくなく、評価の大きく割れる小説家である。

しかしながら、フェミニスト的偽装をしたところで、少女の「かわいさ」を一方的に値踏みする「視線の一方向性」には変化はなく、少女の「内面」を理解してあげる僕、という「特権的な立場」に身をおいていることには変わりはない、とササキバラは論じる。ササキバラは、これを男性の根源的暴力性と呼んでいる。ササキバラによれば、現代日本の男性たちは、一九七〇年代の「オヤジ的なるものからの撤退」に加えて、「根源的暴力性からの撤退」にも迫られ、二重の意味で追いつめられはじめている。

　百合を愛好する男性たちの抱える男性性をめぐる葛藤とは、「対等な対」＝親密性への要求と、ササキバラが論じた一九七〇年代以降も変化しない男性の「一方的に見る」「特権的な立場」、男性の根源的暴力性との葛藤だろう。一九七〇年代以降においても、新たにフェミニスト的偽装をしたというだけで、日本人の男性性に根本的な変化は生じていないのである。二〇〇四年時点でも、大衆文化のなかの異性愛ファンタジーにおいては、少女マンガやフェミニズムとの接触によって「対等な対」＝親密性への要求をおぼえはじめた男性が必然的に抱え込んでしまうジェンダーをめぐる葛藤は、依然として解決されないのである。ここに、一九九〇年代以降、新たに「百合」というジャンルが台頭してきた必然性があると考えられる。百合に登場する女性同士のカップルの関係性においては、「かわいさ」を値踏みする視線は、一方向的なものではなく双方向的な性質のものであり、相手の「内面」を理解しなければならないのは、「理解してあげる」片方の特権ではなく、両方の義務である。

　このように論じると、百合を愛好する男性も作品のヒロインたちの「かわいさ」を一方的に値踏みしているのではないか、「男↓女」というポルノ的な視線の一方向性に変化はないのではないか、と反論されるかもしれない。しかし、本章第5節の、「どうして俺は女子高校生じゃないんだ！」という発言に象徴されているように、百合を愛好する男性は、作品を外部の視点から一方的に観察しているのではなく、作品中の登場人物である女性に自己同一化しているのであり、やはり彼らの男性性は「フェミニスト的偽装」からさらなる変容を遂げ、確実に一歩前進しているのである。

二〇〇三年度より、「男子禁制!!リボンで結ぶ秘密の恋」と銘打った季刊雑誌「百合姉妹」がマガジン・マガジンより発刊されている。「百合姉妹」は、都市部の大書店なら置いてある。編集部は、読者からの質問（とくにこの質問は男性に多いそうだ）に答えて、この雑誌の購入の男女比について、「乙女心の心を理解できる殿方も多数いる」と答えている。[6]「百合姉妹」四号の「百合にHは意外にいけるのか？――『裏百合姉妹』予想に反して大反響」と題された記事では、次のように、ポルノ的な企画に対しては、十代の女性読者の多くが支持した反面、男性読者のほうは過剰な拒否反応を示したことを編集部が報告している。

少女同士の、あくまで清らかな恋愛、というのがここ最近の百合のイメージ。そうした状況に冷や水をぶっかけんとばかりに掲載された、本誌第3号の特集企画「裏百合姉妹」。レズビアン女性向けのアダルト誌や、男性向けのHなゲーム、コミックなどを紹介、「見たくない人は勝手にノリで貼り付けてふくろとじを作ってくれ」という前代未聞の後ろ向き企画だった。が、「絶対ヤダ」と過剰反応する男性読者を尻目に多くの女性、特にティーン層が支持を表明。今後の百合シーンからは目が離せない。[7]

さて、第2節ではヤオイ愛好者の女性が抱える女性性をめぐる葛藤の質について考察し、彼女たちが、現実のジェンダー規範を変容させようという志向において、「対等な対」＝親密性への潜在的出口をもっていることを見た。第3節では、一九七〇年代以降、男性は「フェミニスト的偽装」をすることはあっても、一九九〇年代まで根本的な変容をとげなかったものが、新たに出現した百合愛好者の男性は「少女の『かわいさ』を一方的に値踏みする特権的立場」「少女の『内面』を理解してあげる特権的立場」から一歩前進していることを見た。

それでは、ヤオイ愛好者の女性と百合愛好者の男性が出会うとき、「対等な対」＝親密性が、女性性や男性性をめぐる葛藤を抱えていない女性と男性との間でも達成されるのだろうか。この問題を考察する前に、ポストモダン＝後期近代の時代における男女間の「親密性の変容」を論じた社会学の有名な議論を検討しておきたい。

4 「親密性の変容」は進行するか

現代のイギリスを代表する社会学者アンソニー・ギデンズは、有名な著作『親密性の変容』において、以下のような楽観的展望を述べている［Giddens 1992(1995)］。

近代社会におけるジェンダー秩序の骨格は、男性は理性的（rational）、女性は感情的（emotional）というものだった。その結果、男性は感情生活が貧困であり、女性は経済生活が貧困であった。しかし、後期近代になって女性の社会進出が進むと、以下のような感情革命・性革命が生じる。まず、女性の経済的貧困が解消される。恋愛結婚イデオロギー（恋愛と結婚と性を三位一体のものとするイデオロギー）は近代中産階級のものであるが、統計的には男性よりも女性のほうがより深く内面化している。次に、「金を手にしたロマンス女」が、男性パートナーとの関係性において「親密であること」（対等な人格的関係であること）を要求する。女性の働きかけによって男性も考えを改め、経済成長よりも感情的満足を優先する平和なユートピアが誕生するだろう。要するに、イギリスの新左翼の系譜を出発点としたギデンズは、一九七〇年代以降失墜した社会主義の理想にかえて、「金を手にしたロマンス女」に人類の未来を託すのである。

このギデンズの議論は、以下の二点において批判されるべきものである。

まず第一に、「男性は理性的（rational）、女性は感情的（emotional）」という議論の前提は、西欧中心主義的、より正確にはプロテスタント文化中心主義的である。モーガンが指摘するように、社会学者ウェーバーの古典的著作『プロテスタンティズムの倫理と資本主義の精神』は、ジェンダー論の観点からすれば「プロテスタンティズムの倫理と男性性の精神」なのであり、ウェーバーの合理化（rationalization）論は、基本的に男性文化のものである［Morgan 1992］。しかしながら、西欧社会において発生した近代資本主義の精神＝合理化論は、二十一世紀初頭においては、資本主義的世界システムのなかを生きる地球人類全体に強い影響力をもつにいたった。その意味では、「男性は理性的、女性は感情的」という発想は、少なくとも先進諸国全域において、かなりの程度まで当てはまるだろう。

第二に、こちらのほうがはるかに重要なのだが、その後の先進国における社会状況の推移を見ると、ギデンスの予想はあまりにも楽観的だった。どの先進諸国においても、男性の家事・育児参加率は、微増しただけでさしたる上昇をみていない(8)。先進国の男性は、少なくともギデンズの楽観的予想ほど簡単には意識を変えなかったのである。ケンブリッジ大学学長となったギデンズは、イギリスのブレア政権のブレーンを務めているが(二〇〇四年時点)、「大義なき」イラク戦争におけるイギリスのアメリカに追随したイラク派兵と武力行使を見ていると、平和主義のヴィジョンに関しても、ますますかつてのギデンズの男性性の変容に関する脳天気さが際立つ。

ただ、この十年という短いタイムスパンでの男性性の変容を考えると、ギデンズの予想はあまりにも楽観的だったといえるのだが、日本の大衆文化状況を観察する限り、五十年という長いタイムスパンで見るならば、ギデンズの描いた楽観的ヴィジョンは実現される可能性は十分にあるし、私はその可能性に賭けたいと思う。中里の指摘する、『セラムン』以降の「身近な愛」という百合のメインテーマは、ギデンズの「感情的満足を優先する社会」の基盤となりうるものだろう。

日本に関する限り、一九七〇年代以降のポストモダン・後期近代の時代における「親密性の変容」（「男性性の変容」）は、遅々たる歩みなのだが、確実に進行しはじめているように思われる。ただし、「親密性の変容」は、ギデンズが描いたように簡単に進行しているのではない。社会のジェンダー秩序は、一朝一夕には変化しないのであり、まず一九七〇年代後半にヤオイが登場して、新旧の女性ジェンダー＝女性性の間の葛藤を抱える女性たちに避難と思考実験の場を提供し、約二十年遅れて一九九〇年代に男性向けの百合が登場し、新旧の男性ジェンダー＝男性性の間の葛藤を抱える「新しい男性たち」に避難と思考実験の場を提供した。

中高生少女向けのコバルト文庫から出発した『マリみて』が、男性ファンの心を急速につかみつつあるという現実を見れば、百合が今後十年から二十年のタイムスパンで大規模な商業市場を形成する可能性は十分にあるのではないか。

総括すれば、「親密性の変容」は、一朝一夕に達成されるものではなく、旧・女性ジェンダー＝女性性からヤオイ愛好者へ、旧男性ジェンダー＝男性性から百合愛好者へという、ジェンダーをめぐる葛藤を抱えた人たちを経由して、合計約五十年のタイムスパンの変化を経て、やがて新・女性ジェンダー＝女性性と新・男性ジェンダー＝男性性による「親密性の完成」に向かっていくのではないだろうか。大げさに言えば、二十一世紀の世界平和にとって、それは必要不可欠なプロセスだと考えられる。(9)

5　『マリア様がみてる』

もちろん、1節から4節にかけて展開した議論は、社会学の論文としては、ギデンズの『親密性の変容』と同様、あまりにも思弁的であり、まだ実証性が弱い。本章のはじめに述べたように、ここでの目的はあくまで、とりあえずの仮説を提出することにある。ここで提出した、「百合は今後急速に男性の支持者を増やしていくのではないか」「それは、伝統的なジェンダー規範を変容させようとする傾向を媒介として、現実社会への潜在的な出口となっているのではないか」という仮説を検証するためには、岩井が女性向け男性同性愛ファンタジーの愛好者を対象としておこなったような、本格的な質的・量的社会調査、とくに百合を愛好する男性たちのライフヒストリーの調査が必要不可欠である。その意味で、本章はあくまで百合を愛好する男性たちの男性性についての試論の域を出ない。

しかしながら、現状では、百合を愛好する男性たちを対象とした社会調査は、技術的に極めて困難である。第1節で述べたように、百合は大衆文化全体から見れば、少なくとも二〇〇二年時点ではヤオイ＝ボーイズ・ラヴに比べれば極めてマイナーなジャンルにすぎない。したがって、百合を愛好する男性たちを対象にした社会調査をおこなおうにも、被調査者のサンプリングが極めて困難なのである。

そこで最後に、百合の男性愛好者を急速に増加させた「百合物件」である少女小説＝アニメ『マリア様がみてる』の簡単な作品分析をおこない、私が提出した仮説に対する傍証としたい。現代百合をブレイクさせたアニメ＝マンガ『美少女戦士セーラームーン』は、一九九〇年代を通じてもはや国民的アニメとなったので、作品の紹介は省略する。(10)

『マリみて』の作品の舞台設定は、東京武蔵野に明治三十四年に創立されたカトリック系お嬢様学校「私立リリアン女学園」。幼稚舎から大学までの十八年間一貫した教育を受けられる環境が整っている。この女学園の高等部には、生徒の自主性を重んじ、上級生が下級生を指導する「スール」（フランス語で姉妹の意味）」という制度がある。もともとは、上級生・下級生の関係そのものを「スール」と呼んでいたが、いつからか個人的に強く結びついた二人を「スール」と呼ぶことになった。正式にスールとなるには、誓約と「ロザリオの授受」の儀式をおこなうことになる。高等部には通称・山百合会という生徒会があり、山百合会の幹部たちは「薔薇様」と呼ばれている。そして、リリアンの高等部に入学した中流階級の「普通の」少女を主人公として、姉妹の絆を結んだ女子高生たちの「友情以上、恋愛未満」とでもいうべき心の触れ合いが繊細なタッチで描写される。登場人物たちの間に肉体関係はまったくなく、普通に脇役の男性と恋愛する主役の女子高生の姿もちゃんと書き込まれている。ただし、この作品において男性登場人物たちは脇役であり、主役はあくまで女子高校生たちである。

この作品の魅力を社会学的に分析してみよう。

まず第一に、カトリック系女子高校という舞台設定について。この作品では、カトリシズムが「エキゾティックな他者性の記号」として効果的に用いられている。リリアン女学園では、生徒たちは登下校時にキャンパス内の聖母マリア像に手を合わせる。旧来の近代的なジェンダー秩序に対するオルタナティヴなジェンダー秩序を構想するには、エキゾティックな他者性の記号によって彩られた宗教的世界観が効果的なのだろう。一九六〇年代から七〇年代にかけて、欧米先進諸国で女性解放運動が盛んだったとき、キリスト教の男性中心主義に絶望した人たち、とくに政治的レズビアンは数々の女神崇拝（新異教主義）のグループを立ち上げた[11]。日本においては、欧米先進諸国とは対照的に、キリスト教信者の数は人口全体のわずか一パーセント強であるので、キリスト教自体が、遠過ぎもせず近過ぎもせず、適度にエキゾティックな他者性の記号となるのだろう。また、生徒たちがキリスト像ではなく聖母子像でもない「聖母マリア像」に手を合わせていることも、欧米先進諸国の女神崇拝と一脈通じている面があるにちがいない。

第二に、リリアン女学園という名称について。言うまでもなく、Lily は百合のことであり、リリアンという名称はレズビアニズムではないけれども、いわばレズビアン・テイストを妖しげに示唆している側面もある。もちろん、カトリシズムでは百合の花を象徴として用いることが多いという現実の裏づけがあるのだが。

第三に、基本的には十八年間一貫教育であるという設定について。この設定によって、リリアン女学園の生徒たちは、受験競争という、学校化社会においては社会全体の資本主義的競争原理の末端をなしているものから解放されて、現代日本の学校生活とは異なるオルタナティヴな学校生活を満喫している。

第四に、このことと関連して山百合会という生徒自治会の力が学内において強いことが、現代日本の管理教育体制とは異質な学校生活を可能にしている。

総括すれば、カトリック系のリリアン女学園という舞台は、現代日本のジェンダー秩序・男性的な競争原理・管理体制とは異なる「オルタナティヴな共同体」となっているのである。

最後に、主人公の女子高生がこのお嬢様学校においてはやや異質な、中流階級出身の「普通の」女の子であるという設定について触れておきたい。主人公は建築技師の娘だが、たとえば主人公が「スール」関係を結ぶ姉は、財閥総帥の孫娘である。この設定は、もちろん読者が主人公に感情移入することを容易にしている。このことはまた、かつての近代日本では、カトリック系ミッション・スクールで学んだということは、フランスの社会学者ピエール・ブルデューの用語を用いると上流階級の「文化資本」であったのが、物質的豊かさを達成した一九七〇年代以降の日本人にとっては、それが中流階級にも手にはいるものとなったことを示しているのだろう。

この作品の以上のような舞台設定が、「意地の系譜」と「集団主義」を大きな特徴とする近代日本における旧来の覇権的男性性（メインとされる男らしさ）に飽き足らない、「オルタナティヴな男性性」を求める男性たちを魅了しているのだろう。現代日本における覇権的男性性とオルタナティヴな男性性の特徴については、本書の第1章を参照されたい。

最後に、『マリみて』に魅了される男性ファンの声を参考までに挙げておきたい。以下の男性たちの発言は、インターネット上のWEBサイト「マリ見てDB――今野緒雪『マリア様がみてる』データサイト・掲示板二〇〇四年版」からの引用である［マリ見てDB2004］。ただし、発言者のプライバシー問題に配慮して、発言者名と掲示板に書き込まれた日時は省略する。

1　最近きになっているのですが、皆さんのまわりで「マリ見て」はどのくらい浸透しているのですか？

高校生世代はクラスの半分以上が知ってるとこってあるのですかね？

つまらない質問ですみません。

2　〔熊田注――上記の発言への答え〕

ボクは同人活動をしていてマリみて本を何冊か発行しているのですが、ボクの友人の大半以上はマリみてにどっぷりハマってますよ。浸透ってゆーか感染ってゆーか、みんな知らず知らずのうちにハマっているので、ホントにビックリしました。あと、同人を知らない人でも女性の方は結構知っているので、さすがコバルトっていう感じがします。高校生世代だけでなく、中学生世代も結構ハマっている方が多くなってきたと聞きますから、クラスの中でも結構いるのではないでしょうか？

3　是非是非原作をお読みになるのがよろしいですわ。漫画は始まったのが去年で一巻が来月、遅々としていますので原作しかなかろうと。

原作にはついていけると思います。どんな感じといわれても・・・

名言として、「どうして俺は女子高校生じゃないんだ！」というのが伝わっています。

自分（男）の発言ではないですが気持ちは一致しています。そんな感じ。

男性の場合、まずコバルト文庫を手に取るのが苦しいかも知れませんが頑張って下さい。

4〔熊田注――上記の発言への答え〕

こんばんは。

＞「どうして俺は女子高校生じゃないんだ！」というのが伝わっています

そういう気持ちになりますよね。私もそうでした。

女に生まれてリリアンに通っていたら人生、もっと楽しかったかも。

原作を読まれることをおすすめします。アニメを観ているみなさんのお話を伺っている限り、原作の良さがアニメに反映されていないような・・・。

5　みなさん、はじめまして。
四捨五入すれば30になってしまう男ですが、アニメを見てはまってしまいました。
^^;
一話から4話までを見た時点でかなり原作が気になり、とりあえずネットでいろいろ見ているうちにここにたどり着きました。
過去ログ読んで、男性ファンも結構多いようで、それに後押しされるような形で原作のほうも昨日4冊入手。
仕事があるのに4時まで読みふけってしまいました。
私自身、小学校がカトリック系（女子校ですが幼稚園と小学校は共学でした）で、そのころはロザリオもって、毎日お祈りなんかして・・・
リリアン女学園には遠く及ばないところですが、
昔を懐かしみつつ楽しく読んでおります。
（机あさったら当時のロザリオ出てきちゃいましたw）
男性にとってコバルトというのがかなりきついですが、

多少周りの目を気にしつつ（w）これからも楽しんでいきたいと思います。

発言3・4の「どうして俺は女子高校生じゃないんだ！」という言葉が、「現代百合物件」を支持する男性たちの男性性の変容を的確に表現しているように思われる。彼らは、『マリみて』に登場する女子高校生たちに自己同一化しているのである。なお、季刊雑誌「百合姉妹」四号には、男性と推定される読者から次のような投稿が寄せられている。

百合姉妹を読んでいるとトキメいて男でも女でもない独特の浮遊感を感じて軽くトリップできてよいです。独自の世界観を追求して下さい[12]

男性読者の、男性性をめぐる葛藤からの解放を示唆する発言である。

彼らを「名誉レズビアン」と呼ぶことも、あながち無理なことではあるまい[13]。"Boy Meets Girl"（ビーチ・ボーイズ）ではないが、将来、ともに女性性や男性性をめぐる葛藤を内面に抱えたヤオイ女性と百合男性が出会うような時代が到来したとき、"The Long and Winding Road"（ザ・ビートルズ）を経て、ギデンズがかつて極めて楽観的に予想した「感情革命」が、ようやくヤオイ愛好者でも百合愛好者でもない一般の女性と男性との間でも達成されることになるだろう。

注

（1）ヤオイは、女性向け男性同性愛ファンタジーについて一九七〇年代後半という初期のころ、関係者が「ヤマなし、オチなし、イミなし」と自嘲的に命名した用語である。しかし、この大衆文化のジャンルは時とともに洗練されて、繊細で複雑な物語の生産も増えており、もはや一大文化産業と化した現代では、「ボーイズ・ラヴ」という名称が書店等で定着している。ただ本章では、紙数の制限上、記述の簡略化のためにこのジャンルの名称を基本的にはヤオイで統一する。なお、今後私の予想どおり百合が男性に浸透していけば、このジャンルにも「ガールズ・ラヴ」という呼称が定着するだろう。

（2）本章では、ジェンダーを「身体的差異に意味を付与する知」と定義する［Scott 1992(1999)］。

（3）現代という時代を、アメリカの社会学者はポストモダン、ヨーロッパの社会学者は後期近代と表現することが多い。

（4）中里は、私の言う百合のテーマを「イデオロギー」と呼んでいるが、社会学者として私はこの用語法には賛成できない。社会学においてイデオロギーとはマルクス流の虚偽意識を意味する。

（5）岩井阿礼「性表現の主体としての女性——女性向け男性同性愛ファンタジーに見られる性役割葛藤と性役割多元化の試み」『Sociology Today』五号所収、お茶の水大学社会学研究会、一九九五年、一〇ページ

（6）季刊雑誌「百合姉妹」三号、マガジン・マガジン、二〇〇四年、二〇六ページ

（7）季刊雑誌「百合姉妹」四号、マガジン・マガジン、二〇〇四年、一五九ページ

（8）日本に至っては、一九九九年から二〇〇二年にかけては、男性の育児休業取得率は、微増どころかわずかに減少している。

（９）ヤオイ文化・百合文化は、日本だけではなく先進諸国において幅広く観察される。しかし私は海外のヤオイ文化・百合文化について詳細なデータをもたないので、この点については今後の研究課題とする。
（10）アニメ＝マンガ『美少女戦士セーラームーン』の登場が日本のジェンダー史においていかに画期的であったかについては、本書の第１章を参照されたい。
（11）政治的レズビアンとは、生来の性指向によるものではなく、男性中心主義に抗議するみずからの政治的選択によってレズビアンとなった人たちを意味する。
（12）季刊雑誌「百合姉妹」四号、マガジン・マガジン、二〇〇四年、二〇八ページ
（13）「名誉レズビアン」という表現を用いると、それではヤオイ女性は「名誉ゲイ」ではないか、性的指向からしてヤオイ女性と百合男性は親密な関係を築けないのではないか、という反論を受けるかもしれない。しかし、この反論は妥当ではない。まず第一に、この反論は「ファンタジーと現実」を区別していない。ヤオイ女性も百合男性も、性的指向はともにヘテロである。第二に、「名誉レズビアン」とはフェミニズムが批判する「名誉男性」を逆手にとった表現であり、カテゴリーとしての男女間の非対称性からして、「名誉ゲイ」という表現は男性中心主義に対するインパクトをもたず、用いる意味がない。

ノート――Ⅲ

北野武の映画とミニマルな親密性

団塊男性と北野武の映画

バックラッシュ(反フェミニズム)の要素を含む北野武(一九四七―)の映画が、ヨーロッパを中心になぜあんなに高い「芸術的評価」を獲得しているのかを考えてみた。それは、北野が、これまで受け皿がなかった(第二次世界大戦)戦後第一世代(日本では団塊の世代)の男性のメランコリーを見事に映像化してみせたからではないだろうか。

北野は、自伝的作品において、自分の生い立ちからこれまでを以下のように語る[北野 2001]。彼は、アルコール依存症の父親を抱える家庭で「家族の笑わせ役(ピエロ)」として育ち、「強度のマザコン」「女性にはオネェチャンと甘えてしまう」「友だちはいない」「カミサンに見捨てられるのが怖い」「目立ちたがり屋」と自認する。北野は、深いレベルでの自己肯定感に欠け、他者との親密な関係をつくることができない、濃厚にアダルトチルドレン(以下AC)的な芸術家なのだろう。北米と日本にのみ存在する(二〇〇四年時点)通俗心理学におけるアダルトチルドレンとは、「自分の生きづらさが親との関係に起因すると自覚する人」を意味する。その最大の特徴は、往々にして本人は否認している強烈な「自己承認への要求」である。しかし彼は、自分のAC性から「回復」する道を選ばずに、それを芸術的に昇華させる方法を選んでいる。そしてその方法が、先進国、とくに戦争で大きな打撃を受けたヨーロッパと日本の戦後第一世代、日本の団塊の世代の男性たちの間でグローバルな共感を呼んでいるのではないか。

あの世代の男性の父親たちは戦争体験をもち、アル中ではなかったにしても、戦争トラウマによって人格が偏っていた人が少なくなく、北野のAC性は彼の世代全体の一大特徴であるはずである。彼は「女性と対等な恋愛関係になったことが一度だけある」と称している［北野、同上］が、その女性とはフライデー殴り込み事件のときの愛人であり、自分の暴力犯罪事件に対する彼一流の弁解ともとれる。その愛人は、知り合ったときはまだ女子高生の彼のファンであり、これまでの「一方的に女性に甘える」関係が「一方的に女性に甘えさせる」関係に反転しただけで、厳しい見方をすれば、彼は他者との「甘え甘えさせる大人同士の」親密な関係に入った経験がまったくないのではないだろうか。

ヨーロッパの映画評論家たちが「北野ブルー」と呼ぶ、彼の映画の背景のくすんだ青色は、彼の世代のAC的男性のメランコリーを芸術的に表現したものだろう。メランコリーとは、「いまだ達成されたことがないものを失ったことを嘆き悲しむこと」であり、北野の場合、「失ったもの」とは自己肯定感と他者との親密性だろう。北野の唯一のメルヘン映画『菊次郎の夏』が、いわば『母をたずねて三千里』の末に母に出会えなかった男の子の物語であることに注意する必要があるだろう。フェミニストのジュディス・バトラーは、「ジェンダーのメランコリー」という有名な論文で女性のメランコリー（統計的には男性より多い）を彼女なりに分析しているが、男性、とくに戦後第一世代の男性のメランコリーには彼女は何も言及していない。そもそもAC概念を知らない（たとえ知っていても自分のAC性を否認する傾向が強い）彼らのメランコリーにはこれまでまったく受け皿がなかったのであり、そこに北野の映画が高い芸術的評価を受ける根本的な原因があると思われる。AC概念が完全に浸透しているセラピー大国・アメリカでは、彼の映画がヨーロッパの映画祭においてほどには評価されないのも、同じ理由にもとづくと思われる。

確かに彼の映画には、親密な関係、とくに男性同士の親密な関係（友愛）、「男同士の絆」をテーマにしているものが多い。しかし、注意しなければならないのは、彼の映画において中心的な親密な関係、とくに男性同士の親密な関係（友愛）は、しばしば「男性の死」によってのみ完成されるということである。フェミニストのダナ・ネルソンは、資本主義は男性中心社会における生きている男性の間に容赦なく「富と権力の不平等」をもたらす以上（昔のテレビCMを引用すると、「人類は皆兄弟、戸締り用心」）、「理想の友愛関係は、死んだ兄弟との間にしか成立しない」と指摘している［Nelson 1998］。北野も、近代資本主義のこうした冷酷な側面を熟知しているからこそ、男性の主人公や友愛関係にある男性の登場人物を死なせてしまうのだろう。彼の無意識では、男性同士の親密性は死によってのみ完成されるのではないか。

バックラッシュの要素を含む北野の映画がフェミニズムに滅多に批判されることがないのは、彼がフェミニズムからの批判を常に先取りして、作品の楽屋裏をバラしてしまうという巧妙な戦略を用いているからだろう。この巧妙な戦略ゆえに、フェミニズムの側でも「正直に免じて許そう」というムードができてしまっている。しかし私は、ジェンダーに関する北野の反動性を見ていると、自分の排泄物を見せられているようで、近親憎悪を抱いてしまうのだ。もちろん、北野はひじょうに頭のいい人だから、「自分の作品は自分の排泄物だ」と規定して、私のような批判に対しても、先手を打って防御を固めているが（「ユリイカ」一九九八年二月号）。

ところで、北野映画を愛好する視聴者、とくに男性視聴者の間の関係性、北野の言う「排泄物」を共有する関係とは「親密な関係」に分類できるのだろうか？

ミニマルな親密性

哲学者のジャック・デリダが政治学者カール・シュミットの理論における「敵か味方か」という二分法を脱構築して、「お互いに相手を敵として認め合った時の関係性」を「ミニマルな友愛」と名づけている。デリダは、たとえば、ブッシュとビン・ラディンの間にはミニマルな友愛が成立していると考えるわけである［Derrida 1994(2003)］。

私はデリダの論法をさらに応用して、通俗心理学の「共依存（という言葉をとりあえず用いるとして）か親密性か」という二分法を脱構築して、「ミニマルな親密性」という概念を提唱したい。「お互いに相手を親密な関係を結べない（なぜならそもそも「自分を愛していない」から）相手と認め合ったときの関係性」をミニマルな親密性と定義する。

これは、少なくとも現代日本の大衆文化では、大きなテーマとして浮上しているように思われる。ミニマルな親密性でも、まったくの無関心よりは「温かい」関係性だろう。

新宿のカメラ屋さんの階段を降りた茶店は／ジッポの油とクリームあんたの台詞が香った／云ったでしょ？「俺を殺して」（略）退屈なんか恐れていない、どうして二人は出会った？

（椎名林檎「浴室」）

あたしを殺して それからちゃんと一人で死ねるのか？（略）どうぞ！殺って！

（東京事変「入水願い」）

アダルトチルドレン・テイストを唄わせたら当代きっての歌手、椎名林檎の作詞である。やはり前衛アーティストは、常に学者の先を走っているようだ。週刊マンガ誌「スピリッツ」（深夜テレビでも放映中）に連載中の「Go! Go! Heaven!・少女自決隊」（自殺サイトで知り合った少女たちのバンドの物語）は、若者が「ミニマルな親密性」から「ちゃんとした親密性」へと回復していく物語である。

前にも後ろにも道はなくて進むことも戻ることももうできないけれど、でも……一緒に死んでくれる仲間がいるだけでなんでもできる気がした。(1)

注

（1）小原信治（原作）／海埜ゆうこ（作画）『Go! Go! Heaven!・少女自決隊（1）』小学館、二〇〇五年、三七ページ

第3章▼内観サークル系宗教運動の研究

――アダルトチルドレンと男性性

キーワード……宗教と男性性／内観サークル系宗教運動／
中年期と男性性／「男らしさから自分らしさへ」？／「男女混成」の重要性

この章の目的は、日本では開拓の遅れている「宗教と男性性」というテーマについて、現代日本で静かに流行している一般大衆の内観サークル系宗教運動の信仰指導のあり方を紹介するとともに、形成途上にある日本の男性性研究に対して問題提起をすることにある。この論文の事例研究の対象である内観サークル系宗教運動「エルランティの光」では、男性参加者に対しては、「脱男性性」とでもいうべき指導がときどきおこなわれている。ここでは、「脱男性性」とでもいうべき指導の実際を紹介する。次に、そうした指導法と指導者の中年期における回心体験の関係を考察する。最後に、内観サークル系宗教運動を日本のメンズリブ運動と比較検討し、①「回復の型」を明示しないメンズリブ運動には、大衆運動として重大な限界がある、②活動の中核部分を「男性クローズド」でおこなうメンズリブ運動には重大な欠陥があり、「男女混成」で活動することが重要であることを示唆する。

1　宗教と男性性

日本の男性学研究の第一人者であり、メンズリブの運動家でもある伊藤公雄は、一九九〇年代以降の現代日本の抱える男性問題について次のように要約する。

実際、ここ数年、男性たちが世代をこえて多くの問題を抱え込みはじめていることが明らかになりつつある。「このままではどうも先行き不安だ」という気分が、男性たちの間に広がっているのだ。若い男性の間には、自分に自信がもてないという不安や、結婚したくても結婚できない独身男性の増加の問題がある。働き盛りの男性の前には、長時間労働や出世競争、さらにその結果でもある過労死や中高年の自殺率の急上昇といった社会現象が控えている。また、老後の生活といえば、その入り口での定年離婚が話題になっているし、それを乗り越えても、趣味も友人もいない、妻に依存するだけの濡れ落ち葉族やワシ男の生活が待っているというわけだ。

こう見ていくと、男性にとって、自分たちの生活スタイルをめぐって、いま根本的な見直しが迫られているようだ。（略）女性問題の深まりに対応して、男性問題の時代がはじまったということだ。ぼくたちのメンズセンターやメンズリブ研究会の動きをはじめとする男性運動（メンズ・ムーブメント）は、こうした時代の要請にこたえるべくして誕生したといってもいいだろう(1)。

それでは、伊藤はこうした課題に対してメンズリブ運動はどう答えるべきだと考えているのだろうか。

現在の男性問題の解決のひとつの道は、とりあえず「男のメンツ」意識からの解放ということだとぼくは、思っている。「オレは男だから」という重いヨロイを身につけ、無理に自分たちを縛ってきた生活から、男性たちが自由になるということだ。それは、男性社会に抑圧されてきた女性達にとってても望ましいことだろうし、窮屈なヨロイを脱ぐことは、当の男性たちにとっても、より「自分らしい」快適な生活をもたらすのではないか。(2)

私は、伊藤の問題意識に賛同する者である。しかし、少なくとも現時点では、伊藤たちのメンズリブ運動が、運動としては極めて小規模であり、大衆動員という点では失敗したことは否めないように思われる。本章の目的は、伊藤が提起したような問題意識が、すでに一般大衆の新宗教運動にも広く共有されていることを示すことにある。

ジェンダー（社会的文化的性差）の研究において、「宗教とジェンダー」に関する実証研究は、最も開拓が遅れている分野のひとつである〔野村／薄井編 1996〕。そのなかでも、「宗教と男性」というテーマは、アメリカでは研究の蓄積が始まっているが〔ex. Boyd (et al.) eds.1996〕、日本では「宗教と女性」というテーマの陰に隠れて、ほとんど未開拓に近い分野である。それは、「宗教と女性」というテーマが主としてフェミニスト的問題意識をもつ女性研究者によって担われてきたためだろう。ここでは、男性研究者が男性学的問題意識に基づいて、一般大衆の新宗教運動における「宗教と男性」の問題を論じてみる。

2　内観サークル系宗教運動の事例

まず、私が調査した内観サークル系宗教運動「エルランティの光」を簡単に紹介しておきたい。また、表題の「内観サークル系宗教運動」について私なりの定義をおこなっておく。内観法（内観療法）とは、日本的心理療法（人格修養法）の一種である。通常、医療関係者が治療目的で用いるときには「内観療法」、一般人が修養目的で用いるときには「内観法」と呼ばれるが、両者の境界は曖昧である［村瀬 1993］。そもそも、浄土真宗の一派で阿弥陀仏に対する深い信心を獲得するためにおこなわれていた「身調べの行」を応用したもので、宗教色（阿弥陀仏に対する信仰）を薄めて心理療法（人格修養法）として真宗外部へと普及させたのは、吉本伊信（一九一五—）である。

内観法の基本は、両親など生活史上の重要人物を対象に、①していただいたこと、②して返したこと、③迷惑をかけたこと、の三点を数え上げていくことである。通常は母親（ないし母親代わり）との関係を最重視する。毎日おこなう日常内観と、短期間隔離された環境でおこなう集中内観を組み合わせておこなうのが普通である。「我執」を去って「人の身になる」トレーニングであり、「他者の愛と自己の罪」を凝視させることを目的とする。「独立と競争」が大前提となった現代人に「素朴な連帯感」を回復させることを目的とする心理療法である［三木 1976］。現在内観法は、比較的簡単な心理療法（人格修養法）として、宗教界（既成仏教・新宗教の両方）・教育界・企業研修・矯正所・臨床心理・精神医学などの各方面で広範囲に応用されており、日本内観学会の推定によれば、すでに十万人を上回る支持者をもつ［村瀬 1993］。またそれとは別に、一九七〇年代以降勢力を拡大しているいわゆる新新宗教（第四期新宗教）に内観を採用するグループは数多く、ＧＬＡ系諸教団もそのひとつである［島薗 1992］。

ここで表題の「内観サークル系宗教運動」という概念について、私なりに定義しておく。内観サークル系宗教運動とは、私の造語である。私は、この概念を「当事者たちの自己認識にかかわらず、客観的に観察して内観法を救済方法の中心に据えている宗教運動」と定義する。この定義の内容を説明する。「当事者たちの自己認識にかかわらず、客観的に観察して」としたのは、客観的に観察すれば内観法を応用しているにもかかわらず、当事者たちはそうは考えていない場合があるからである。本章で論じている「エルランティの光」も、自分たちの実践を「母の反省」（私の観察では集中内観に対応する）や「日々の反省」（私の観察では日常内観に対応する）のように「反省」と認識しており、「親孝行という『道徳の押しつけ』と彼らが考える吉本内観とは異質のもの」と自己認識している。

「内観法を救済方法の中心に据えている」としたのは、内観法を用いてはいても、希望者のみを対象とし、参加者全員には要求していない運動も存在するからである。それに対して、私が内観サークル系宗教運動と呼ぶ運動では、参加者全員に内観法（「エルランティの光」の場合、当事者たちの自己認識では「反省」）を要求している。「宗教運動」としたのは、内観法を用いる運動のなかには神仏のような超越者のイメージを完全に排除して、完全に「脱宗教化」された心理療法の運動として展開している運動もあるからである。それに対して、私が内観サークル系宗教運動と呼ぶ運動では、神仏のような超越者のイメージを鮮明に打ち出している。もっとも、心理療法の運動として展開しているグループでも、どこまで超越者のイメージを排除できているかは微妙な問題で、「宗教運動」に分類できるかどうか、現実には判断に苦しむケースが多い。

GLA系諸教団は、一九七〇年代以降に成長した第四期新宗教（新新宗教）のキーマンとなる教団のひとつである［島薗 1992］。GLAとは、God Light Association（大宇宙神光会）の略語である。GLAの創始者は高橋信次（一九二三―七六）であり、GLA総合本部（一九六九―）は公称信者数一万八千人（一九九五年時点）である。教祖の死後多数の分派教団が生じ、研究者はそれらを総称してGLA系諸教団と呼んでいる。GLA系諸教団は研究者の間では小規模な新新宗教として軽視されることがある。しかしながら、本部と分派群を総計するならば（私の推定では）十万人近い中規模のグループである。(3) GLA系諸教団の大衆動員志向の弱さ（もしくは欠落）を考えれば、これはかなりの成功である。さらに、GLA系諸教団の教義は幸福の科学やオウム真理教といった後続の大衆動員志向の強い（目立ちやすい）教団にもかなりの影響を及ぼしている。そうした意味で、ＧＬＡ系諸教団を研究する意味は小さくない。

日本の新宗教のなかでのＧＬＡ系諸教団の二大特徴は「グローバルな新霊性文化」（島薗進）の影響の色濃い①内向的現世離脱的宗教性、②科学宗教複合世界観、の二点である。ここでいう内向的とは、外面的な行為よりも心の内面の状態に関心を向ける、ということである。また、ここでいう現世離脱的とは、多くの現世志向的な旧新宗教と対照的に、世俗的成功の価値に対して冷淡である、ということである。そして、科学宗教複合世界観とは、「波動」の概念を中心にした世界観のことである。意識は波動であると考えるこの世界観（心観）では、山川草木はおろか無機物や人工物にも意識が存在するとされる。人間と精霊の関係は人格的なものではなく、「波長同通」という物理的なものと考えられ、救済のためには「心なおし」（「エルランティの光」の用語では自分の思いを「供養」する「自己供養」）は絶対不可欠だが、精霊に対する伝統的な供養は個人の救済には基本的に役立たないことになる。

私が調査した「エルランティの光」（一九八六―）も、こうした科学宗教複合世界観と内向的現世離脱的宗教性を説くＧＬＡ系諸教団のひとつである。メンバーシップは存在しないが、二〇〇一年時点で、「反省者」は全国で累積カウントで約三千人、うちチャネラーは自己申告制で約三百五十人、「小セミナー」（後述）は、全国四十二カ所で開催されている。参加者の男女比は約四対六、年齢構成は、初期は中高年層（四十～五十代）主体であったが、次第に若年層も増加している。ただし、「若い男性」は競争心（同会の用語では「己を表す心」）を否定されるのが苦しいとされ、比較的少ない。参加者は都市高学歴層が多いと推測され、参加費用は実費主義である。参加動機は、「家族問題」（夫婦・親子の問題）が多い。体験談には、登校拒否や摂食障害の例も見られる。GLA系諸教団は、発足当初より内観を重視していた。[4]「エルランティの光」は、GLA系諸教団が完全に「内観サークル系宗教運動」へと展開した事例である。「新新宗教」と呼ばれることがあっても、信仰の内実を見れば、もはや本願寺のコントロールを離れた広い意味での「浄土真宗文化」の現代的展開としての性格が強いことに注意を促しておきたい。

「エルランティの光」においておこなわれている内観法を応用した、通俗心理学で言う「ワーカホリック・良妻賢母ホリック・良い子ホリック」に対する「心理療法的心なおし」（島薗進）についていては、吉本内観との異同を中心に、すでに拙論「宗教心理複合運動における日本的母性の位相」および「現代救済宗教と共依存の病理」において詳しく報告した［熊田 1997;1998］。吉本内観と比較して、このグループの工夫としては、以下のような点が挙げられる。

①内観法を普及させた吉本伊信が阿弥陀仏という超越者を除去して浄土真宗からいったん（ある程度までは）脱宗教化したものを、新宗教的な（民俗宗教的な）宇宙親神信仰に基づき完全に再宗教化した。宇宙親神信仰とは、宇宙には、人間と神人互恵的な関係にある、すべての人間の親なる唯一神が存在するという信仰である。②吉本内観における「迷惑をかけたこと」を「そのときの自分の心の状態」に置き換えて、新宗教において伝統的な「心ぐせの自覚」を通じての「心

なおし」にひきつけた。③「肉の母 vs. 母の心」という区分を導入して、吉本伊信がナイーブだった「親の支配」という要因に対して鋭敏になった。④「男も女も意識には差がない」を説いて、性別役割分担と結合した「男らしさ・女らしさ」への「開き直り」を不可能にした。⑤カウンセリングが無効とされる通俗心理学で言う「共依存者」（ここでは、とりあえず「自分がない」人と定義しておく）に対して、彼らの訴える問題を丸抱えせずに「心を見てください」と突き放す一方で、ベテラン内観者のチャネリング（意識状態を読みとるとされる行為）によって自分では気がつきにくい「心ぐせ」を自覚させようとする。⑥常識を逆撫でするような独特の語りの文化をつくりあげている［熊田 1999］。

ここでは、内観法の基本どおり、「母性の抽象化」ないし「抽象化された母性」によって自己肯定感を回復させている。すなわち、母親（母親代わりの人物）に対する内観を通じて、現実から抽象化された「あるがままの自己を慈しむ慈母」のイメージを浮かび上がらせ、その慈母のイメージによって、自己肯定観を回復させるのである。

3　「脱男性性」の信仰指導

ここでは、内観サークル系宗教運動「エルランティの光」において「男も女も意識には差がない」と説かれ、「脱男性性」とでも呼びたい指導がときどきおこなわれていることを見ていきたい。なお、「脱男性性」の信仰指導を具体的に紹介するさいに「エルランティの光」の刊行物を多く参照したが、そこには参加者個人のプライバシーに関する情報が数多く含まれているため、もちろん匿名性を厳守しながらポイントだけはずさない程度に変形したうえで要約して紹介し、それに加えて典拠は一切示さないことにする。典拠を示すと、そこから参加者の氏名が特定されてしまうことを恐れるからである。

まず、「男らしさ」をめぐる同会の信仰指導を具体的に紹介したい。

［A］あなたの中にある闇の部分に目を向けて光へと変えてゆきましょう。あなたの心の中には光、喜び、安らぎがいっぱいあるのです。それを覆っているのが暗い闇の心なのです。「会社でよいことをしなければ」「自分がしなければならない」と、心を縛っていく癖はやめていきましょう。奥さんをこうあらねばいけないという形にはめ込む癖はやめていきましょう。奥さんも自由です。神はあなたを自由にし、愛しています。あなたも他の方を自由にしてください。自分の心も自由にし、縛るのはやめましょう。「せねばならない」「しなければ」はいりません。(5)

［B］男らしい男とか、怪しいです。たとえば、たとえば、その人が先生なら、授業は厳しくとも、やさしいです。そして、いずれ仕事もやめて、素直でやさしい本来の道を行くでしょう。素直でやさしいというのは、本来の自分〔熊田注――内在する神〕を信じているということです（指導者の講話より）。

［C］ある参加者は、「己を認めさせたかった」ことに気付いた。その参加者は、格闘技によって強くなれば、皆が認めてくれる、自分を見てくれるのではないか、それが男の道だと思っていたのである。己を表せば、すべてかなうぞ、手に入るぞ、と考え、それだけを求めていたことに気付いたのである。その参加者は、簡単なことで、それ以外のもの、母の温もりに気が付けばいいだけ、お母さんの愛に戻るだけのことだったと反省した。そして他の参加者に感謝した。

［D］〔熊田注――チャネリングで読まれたある参加者の意識の概要〕
いつどんなときでも勝利あるのみである、前進あるのみである、日本男児たるもの、泣き言は許されないのだ。気力で乗り切るのだ、気迫で押し切るのだ、負けてはならない、常に必勝不敗の信念でことに当たるのだ、千万人といえども我はゆく、邪魔をするものは粉砕して

くれよう。

〔熊田注――近代的な「日本男児」を揶揄する逆説的な意味〕

［E］ある参加者は、セミナーの他の参加者から、「男を崩せ」そして「自分の心をさらけ出せ」と言われた。その参加者は、それまでは、私は男だ、男が「怖い」などと言えるか、恐怖に怯える姿を曝すくらいなら死んだ方がましだ、男にとって恐怖をさらすほどの恥はない、と思っていたのである。私は動くものか、絶対に心を動かさない、私は皆とは違う、私は動かないぞ、私は男だ、「何事にも動じない心」が私の誇りだと思っていたのである。その参加者は、それが自分の重い厚い蓋の正体であり、それは「私は男だ」、この一言に尽きることに気付いた。そして、この心を捨てない限り、自分を崩すことができない、と気付いた。それが、それまでずっと守り通し、誇ってきた心であり、さらけ出すことができない、と気付いたのである。そして、そのことがわからないで、今までどしく自作自演であった、と気付いたのである。そして、そのことがわからないで、今までどれだけひがんできたことだろうか、どれだけ悲しく思い、怒りをおさえてきたことだろうか、と反省した。

［F］ある参加者は、男として女にもてないような男は男のクズ、役に立たない男という思いで生きてきた。飲む、打つ、買う、これぞ男だという思いで生きてきたのである。その参

加者は、賭博こそしなかったが、酒は飲み放題、酒の場に当然女はつきものという生活をしていた。そして、自分の性格すなわち心癖は、この学びに入るまでは、これで当然で、自分は何も人の道からはずれたことはしていないと思っていたのである。その参加者は、その後情欲の心癖の修正に努めた。そして、毎日の思いの転換が大変な効果を発揮し、いつのまにか、セミナーに行っても、心にしみついていた情欲の心は、全くといっていいほどなくなってしまった。そのことに気付いたのも自分から気にして確かめて気付いたのではなく、今では、どのような女の人を見ても、何も思わないし、気が付いたらその参加者の心は、女も男も、区別なく、同じ神の子として見ているようになっていたのである。つまり、男も女も同じ同列に見て、今までの魅力ある女ではなく、一人の人間として見ているようになったのである。

[G] ある参加者は、セミナーの中のチャネリングの時間で、できたらチャネラーとして出てみようと考えた。その時に考えていたことは、やはり女の人より男の人の方がいいだろう、男だったら誰がいいだろうか、そんなことばかりだった。結局できずじまいに終わったが、風呂場で田池先生にそのことをつい話してしまった。その参加者は「お前がいやらしいからだ。意識には男も女もない」と一言言われた。その参加者は、自分が肉の思いにとらわれすぎていたことに気付き、意識を少しも信じてなかったと深く反省した。

［H］〔熊田注――チャネリングによって読まれたある参加者の意識の概要〕

時は戦争中であった。私はその中でもひときわ素晴らしき男になるように努力してきた。国のため、命を捨てるのは素晴らしいこと、日本男児の鏡だと、確信していました。その思いがすべての考え、行動の基本である。命を捨てても国に報いることが男の花道であった。そのように生きて、生きて、生き抜いてきた。しかし苦しかった、苦しかった。真の心を押し隠し、形にとらわれて生きてゆくことのなんと苦しいことだろうか！　皆、皆、本当の思いをひた隠し、生きゆく姿はまさに生き地獄であった。

［I］ある参加者は、セミナーの帰りに先生と約束した。「帰ったら奥さんに三歩下がって、三つ指ついて、『ごめん、ありがとう』と言いなさい」。その参加者も、その場の雰囲気に飲まれて「はい」と言って帰った。「必ず言いなさい、パソコン開けてるからメールしておきなさい」「はい」と約束して帰った。そして、その参加者は、やっと自分も素直になれそうだ、と感慨にふけった。

ケース［G］の「意識には男性も女性もない」という表現に同会のジェンダーフリーぶりがよく表れている。また、ケース［I］のような指導は、旧新宗教（一九七〇年ごろまでに教勢の伸長を終えた新宗教）でしばしば女性参加者に対して説かれる「夫に対して『下がれ』」という指導の正反対であり、やはり同会のジェンダーフリーぶりをよく表しており、興味深い。ケース［E］では、本書の冒頭で述べた「宮本武蔵的男性性」（＝不動心、「何事にも動じない心」）が、男性参加者の救済への障害としてはっきりと否定されている。

ケース［E］のような「男を崩せ」という指導は散見しても、「女を崩せ」という指導は、少なくともこれまでのところ私は見聞していない。この点で、男と女に対する指導には非対称性がありそうである。その理由は、おそらく、統計的には女性が「子育て」や「介護」を通じて、比較的早くから、自分の母親との関係（親子関係）に意識的にならざるをえないのに対して、男性はそうした仕事を免除されていることが多く、その分、自分の母親との関係について無自覚なまま中年期を迎えることが多い、ということにあるだろう。

ケース［F］の「男性は女性にもてなくてはいけない」という考え方自体がすでに「とらわれ」である、という指導には、フェミニズムの一部の先を行っている、という側面すらある。こうした思い込みはフェミニストの言ういわゆる「オヤジ」（保守的男性）の一部だけではなく、「性的弱者」（「もてない男」）に対して冷酷な、上野千鶴子のような一部のフェミニストにすら共有されているのではないか。

4　中年期における指導者の回心体験

第3節で見てきたように、内観サークル系宗教運動「エルランティの光」はジェンダーに関して極めてリベラルな姿勢をとっている。「意識に男も女もない」「男を崩せ」といった信仰指導がそうである。それでは、同会のジェンダーに関するこのようなリベラルな姿勢は、いったい何に起因しているのだろうか。もちろん、それには時代的背景や参加者の社会階層も深く関係しているだろう。同会は、一九八六年に発足しているが、この時期にはすでに女性の社会進出が進行しはじめていた。また、参加者には、「精神世界」の本に親しんでいるような都市部高学歴層に所属する人が多いと推測される。このことも、同会のリベラルなジェンダー観に深く関係しているだろう。

しかし、時代的背景や参加者の社会階層だけではなく、指導者である田池留吉氏の回心体験も、同会のジェンダーフリーな考え方に反映されていると考えられる。指導者の回心体験は、以下のようなものである。

氏はかつて陸軍航空士官学校において、将来、特攻隊の隊長として死ぬ訓練を受けておられました。「死とは何か」「生とは何か」、この疑問が大きく心の中に浮かび上がってきました。しかし、氏が出撃することなく、またこのテーマが解決されることなく太平洋戦争は終わりました。こうして、このテーマは「教師」時代へと引き継がれることになったのです。

氏は昭和二十三年、数学の教師になりました。でも授業時間のほとんどは「心」や「愛」の話であったと言います、その頃、氏の教えを受けた人の話によると、教室にはいつも「自然に従い真実を愛し、純粋なる魂の感動するままに、自己と自己以外のすべての人々に愛をつくさん」の文字が掲げられてあったそうです。

万事が順調に進む中、あるとき、氏は、心の中から一つの言葉を聞きました。「あなたが語る言葉は天使の言葉だが、あなたの心は真っ黒ではないですか」と。

氏は自分が何も分かっていなかったことに気付きました。「愛」あふれる自分だと思っていたのが、なんにもない、空っぽの自分だったということを思い知らされたのです。

では本当の愛とは？　自分の生まれてきた目的とは？　答えの分からないまま、形の上でも息子さんの喘息や、買っている「株」の暴落と、大変なことが続いて起こってきました。そんな暗中模索の中。氏は母親の反省〔熊田注――母親に対する内観〕ということに突き当たったのです。

氏は、母親に対して出してきた思いを見つめていく中で自分が一番バカにしていた母親こそが、自分に「愛」ということを教えてくれていたことに気付いたのです。人に紹介するのもはばかってきたようなお母さんだったそうです。そのお母さんが「本当の愛」を教えてくれていたのです。

気付きが押し寄せました。息子さんの喘息も、「自分が間違っている」ことを教えるためのものでした。何か形が間違っているというのではなく、自分の心が、神に向いていないで、形の世界、肉の世界にむいていたことが間違いだったことに気付かれたのです(6)。

陸軍士官学校は、旧制高校のようなナンバー・スクールが富裕層のエリートコースであったのに対して、太平洋戦争前には「貧乏人のエリートコース」であった。田池氏は、戦前の「天皇制のカルト」の下で、「教育勅語」や「軍人勅語」を信じ、模範的な「忠君愛国」の「日本男児」として自己形成したのだろう。そして、「軍国の母」の下で「国家のために命を捨てる『男らしい』息子」として育ち、戦前の軍国主義的な「男らしさ」を内面化して育ったのだろう。戦後も、公立高校の校長になるなど、順調にエリートコースを歩んでいる。そして、中年期に宗教的な回心体験を迎えている。

よく知られたユング（＝男性研究者）の「個性化」についての議論に大きく依拠したダニエル・J・レビンソン（＝男性研究者）の『ライフサイクルの心理学』によれば、「中年」は「男らしさ」を考え直すキーワードである。男性は、「成人前期（二十二―四十歳ごろ）」から「人生半ばの危機」を経て「中年期（四十五―六十歳ごろ）」へと進んでいくが、著者によれば、この人生半ばの危機を境に男性の「男らしさ」への関わり方も大きく異なってくるという［Levinson 1978(1992)］。

「成人前期」の男性は、おとなの世界で自分の道を進みはじめると、体力や強さ、業績や野心といった「男性的な」イメージや価値観に従って生活したいと思い、自分のもっている女性的な面を無視したり抑制したりしがちである。確かにそれは自分の夢に向けて成功への階段を上るためには重要なことであるかもしれないが、自分がもっている多くの面を生かす可能性をみずから狭めることになってしまう。

ところが、男性は人生の折り返し地点である「人生半ばの過渡期」にさしかかると、これまでの人生を見直し、これからの人生設計を修正するうえで、自己の「男らしさ」との関わり方も修正するようになる。レビンソンによれば、「中年期」になって体力が衰えはじめ、権力や成功を求める要求がやわらいでくると、必ずしも「男らしさ」に固執する必要はなくなり、自分の女性的な面を素直に認められるようになるとともに、性的関係を抜きにした女性との友情も形成しやすくなるという。

従来いわれてきた近代的な理想の「男らしさ」は、「成人前期」の男性を想定して語られてきたと言えるだろう。強靱な肉体と精神力、職業上での競争と成功、女性に対する優位と性的能力の強さ。「エルランティの光」の指導者は、「人生半ばの過渡期」「人生半ばの危機」において近代的な理想の「男らしさ」を離れ、自分の女性的な（「母性的な」側面）を受容し、ジェンダーフリーな考え方をもつようになったのではないだろうか。

　このように、指導者の回心が中年期であったことは、第3節で見たような「エルランティの光」のジェンダーフリーな考え方、とりわけメンズリブ運動にも似た柔軟な「男らしさ」に対する考え方に深く関係していると考えられる。(7) 私の調査では、前記のような内観サークル系宗教運動の参加者が抱える男性性に関する問題は、参加者の所属する世代に関わらず、顕著な世代差は観察されなかった。このことは、第1章を中心に本書で見てきたように、近代日本における「覇権的男性性」の大枠に、戦前・戦後に関係なく、大きな変化がなかったことと深く関係しているのだろう。

5　「男女混成」で活動することの重要性

　冒頭に述べたように、私はまず「男らしさのヨロイ」を脱ぎ捨てよう、という伊藤公雄のメンズリブ運動の主張に賛同する者である。しかしながら、伊藤公雄の理論には、反フェミニズムの立場をとる保守派男性の論客からはもちろん、男性学（上野千鶴子の定義によれば、「女性学を経由した男性の自己省察の学」）陣営の内部からも、批判が多い。最後に本節では、これまで見たような内観サークル系宗教運動についての考察を踏まえて、こうした伊藤が提唱する「男だけ」の活動を中核として活動するメンズリブ運動の活動形態に対する批判を展開しておきたい。

伊藤の「鎧理論」に対する批判は、伊藤の男性学を「修正フェミニズム」として批判する保守派の論客である小浜逸郎によって簡潔に整理されている。[8] 反フェミニズム陣営からの「鎧理論」に対する批判は、かたちを変えた「男らしさ」は依然として必要である、「自分らしさ」は自分勝手を意味しないか、というものである。

確かに、「エルランティの光」のような内観サークル系宗教運動と比較すると、伊藤公雄の主張するメンズリブ運動は、宗教的バックボーンを欠いている分、自由性があると同時に最終目標となる「生のモデル」「生き方の型」がない、という頼りなさもつきまとう。蔦森樹も指摘するように、「男らしさから自分らしさへ」というキャンペーンには、「ではその自分らしさ」とは何なのか、という疑問もつきまとうのである［蔦森 1999］。アメリカの男性運動には、プロミス・キーパーズのようにキリスト教に基づくにせよ、ミソポエティック運動のように「ニューエイジ」に基づくにせよ、宗教的バックボーンをもつものが多い[9]［Clatterbaugh 1997］。今後、日本でも一部の宗教のメンズリブ運動化と一部のメンズリブ運動の宗教化が同時に進行することが予想される。[10] 私は、今後もこれらの動向に注目していきたい。

最後に、「男だけ」の活動を中核に据えるメンズリブ運動の問題点を指摘しておきたい。本書で考察したような内観サークル系宗教運動の研究においては、吉本内観でいう集中内観に相当するホテル合宿の部屋割りだけはさすがに男女別であるが、そのほかの活動はすべていわば「男女混成」であって、ケース［G］に典型的に見られるように、「男だけ」の活動は基本的に排除されている。私は、これはひじょうに重要なポイントだと思う。本書の序文で述べたように、メンズリブ運動は、「個人的なことは政治的なことである」というフェミニズムのCR運動（Conciesness Raising）運動を基本的なモデルとして、活動の中核部分は「男性クローズド」としてきた。私は、メンズリブ運動が大衆動員に失敗した最大の原因はこの点にあると思う。

カテゴリーとしての男女間に男性中心主義という非対称性があるなかで、フェミニズムのCR運動をモデルにするという発想は、ナイーヴすぎると思われる。まず、「男だけ」の集団を形成することによって、集団内に女性嫌悪や同性愛嫌悪が醸成される危険が生じる。確かに、メンズリブ運動は、活動の周辺部分において女性や同性愛者との交流を設けてこうした危険性を回避するように努力している。しかしながら、メンズリブ運動関係者は、「男だけ」の活動を中核に据えることが、自分たちの男性性が「覇権的男性性」に回収される危険性、コンネルの用語を用いれば、覇権的男性性と「共謀する男性性（complicit masculinty)」となっていることに対して、あまりにもナイーヴである。このことは、本書の第2章で論じたような「エロスの問題」において、とくに顕著に現れているように思われる。

大衆の知的水準が極めて高いという特徴をもつ日本社会における知の配分構造においては、大学アカデミシャンに大衆に対するさしたる知的優越性はない。私は、伊藤公雄がリードするメンズリブ運動よりも、本章で取り上げたような内観サークル系宗教運動のほうが、経験的にジェンダーの問題に対してより鋭敏に対応しているように思われる。

注

(1) メンズセンター編『「男らしさ」から「自分らしさ」へ』かもがわブックレット95、一九九六年、四—五ページ
(2) 同上、五ページ
(3) この十万人近いという数字は、私の推定による。
(4) 宗教者社会学者の沼田健哉氏のご教示による。
(5) エルランティの光出版編『エルランティの愛』、四一—四二ページ（「夫へ」と題された一節より）。
(6) エルランティの光出版編『エルランティの心1』、八—一〇ページ
(7) GLAの教祖高橋信次も、陸軍幼年学校という太平洋戦争前の「貧乏人のエリートコース」を歩み、戦後もコンピューター会社（中小企業）経営者として世俗的成功をおさめた後、中年期に宗教的な回心体験と内観［高橋 1973］との出会いを経験している。高橋信次の回心体験は、「エルランティの光」の指導者の回心体験と極めて類似している。両者の回心体験とジェンダー観の比較は今後の研究課題としたい。また、GLA系諸教団の中でも「幸福の科学」などはジェンダー観についてどちらかといえば保守的である。GLA系諸教団全体のジェンダー観の検討は今後の研究課題としたい。
(8) 小浜逸郎『「男」という不安』PHP新書、二〇〇一年、六五—七七ページ

（9）プロミス・キーパーズとは、一九九〇年代に全盛期を迎えたアメリカの極めて大規模な、「男たちよ、仕事から家庭や地域に帰れ」という保守的男性運動である。ミソポエティック（神話詩的）運動とは、詩人のロバート・ブライがはじめた「男達よ、原初の男性性を取り戻そう」というごく小規模な男性運動である。

（10）ただし、こうしたプロ・フェミニズム、メンズリブの方向に動く新宗教教団は、人数的に見れば、日本の新宗教のごく一部に留まり、アメリカで一九九〇年代に保守的男性運動プロミス・キーパーズが全盛期を迎えたのを後追いするようなかたちで、ジェンダーに関しては、大多数の新宗教教団、とりわけ旧新宗教（一九七〇年代までに教勢の拡大を終えた新宗教教団）は、保守派の指し示す方向に舵をとる可能性がある。

ノート――Ⅳ

官僚制的消費資本主義と「心の習慣」

現在の日本社会は、高度な官僚制的消費資本主義社会と特徴づけることができる。官僚制的支配とは、多国籍企業に代表される巨大組織が支配する社会のことである。官僚制的支配を言い換えれば、「匿名の支配」(Nobody's Rule)。煩雑な規則の体系と、「見えない複雑さ」によって支配される社会。大衆消費社会とは、大衆が日々「必要」以上の「欲望」を多国籍企業によってかき立てられる社会のことである。消費資本主義社会とは、そうした必要以上の欲望を満たす金銭を獲得するために、大衆が厳しい資本主義的競争原理に駆り立てられていく社会のことである。

こうした社会構造は、現代世界の先進諸国(人口的には地球人口の約二〇パーセントを占めるにすぎないが、金銭的には地球の富の約八〇パーセントを所有する)に共通に見られる社会構造である。しかし、官僚制的消費資本主義社会とは、本当に人類にとって究極の「よい社会」なのだろうか。どこかに無理のある社会なのではないか。もちろん、官僚制的消費資本主義社会は「内需」によって支えられている社会であるから、これを一気に解体すると、世界大恐慌によって人類は破滅する。しかし、官僚制的消費資本主義を徐々にオルタナティヴな方向=「人間の顔をした資本主義」に変えていくこと、官僚制的消費資本主義の問題点を補うようなシステムを徐々につくっていくことは可能であるし、またこれから若者が取り組まねばならない不可欠な作業だと思われる。

第4章では、いったん男性性研究を離れて、官僚制的消費資本主義が日本の若者の「心の習慣」(＝基本的な宗教道徳意識)に何らかの変化をもたらしているのではないか、という問題を検討する。この本の「とりあえずの結論」でも説明するが、私は「精神世界」に親しんでいたにもかかわらず、オウム真理教に入信することはなかった。私とオウム真理教の信者は、一体どこで分れたのだろうか。さらに、日本の一般の若者とオウム真理教の信者は、一体どこで分かれるのだろうか。第4章は、こうした問題意識に支えられている。この章は、文化人類学的手法を用いた社会学の論文としては、被調査者のサンプル数が少なすぎるだろう。その意味で、問題提起的な文章にすぎない。しかし、提起した「若者の宗教倫理のセラピー化」という問題は、ひじょうに重い問題である。

現在(二〇〇五年初頭時点)、日本では、宗教教育をめぐる社会的討議が活発である。陰湿ないじめや自殺、凶悪な少年犯罪、カルトや引きこもり……子どもたちの心が見えずに、社会不安が広がり、「心の教育」に注目が集まっている。もちろん、憲法第二〇条が、「国及びその機関は、宗教教育その他いかなる宗教活動もしてはならない」と規定し、教育基本法第九条が国公立学校は、「特定の宗教のための宗教教育その他宗教的活動をしてはならない」と規定している以上、国公立学校においては、「宗教知識教育」は可能であっても、「宗教情操教育」は現行法の下では不可能である。

しかし、「朝日新聞」二〇〇五年一月二十六日付の記事によれば、「自民党など教育基本法改正に積極的な政党や団体は、教育基本法に『宗教的情操の涵養』を盛り込むように主張する。森首相当時の〇〇年、首相の私的諮問機関が宗教教育の必要性を提言したのが直接の契機だが、『人知を越えた力への畏敬の念を育てる』とされる宗教的情操の涵養は戦前の修身教科書にある理念で、保守勢力はほぼ戦後一貫して復活を目指してきた」

「これに対し、日弁連は〇三年、『基本法の規定が、本来宗教的情操教育を否定している』との会長声明を発表。高橋哲哉・東大教授（哲学）は、著書『教育と国家』で、『敬神崇祖と天皇教への帰依を教えたのが宗教的情操の涵養』と戦前への回帰を警戒する」「主要宗教団体を束ねる日本宗教連盟は、基本法改正に賛成を表明しており、傘下の全日本仏教会は昨秋、『宗教教育の規定が不十分なため、宗教教育そのものまで否定されている』として、『宗教的感性の涵養』という表現を盛り込んだ『改正試案』を作った。ただ、宗教界でも宗派などにより、賛否は分かれている」

私自身は、教育基本法改正に反対の立場であり、国公立学校での宗教教育には反対である。「心への強制」は、国家の手を出していい領域ではなく、「宗教的情操の涵養」や「宗教的感性の涵養」は、民主主義国家では基本的にその国の国民の自生的な感性・自生的な宗教倫理（後述）に委ねられるべき問題と考えている。しかし、教育基本法改正問題以前に、「宗教知識教育と宗教情操教育はそもそも峻別できるのか」という疑問や、「宗教的情操・宗教的感性とはそもそも何か」という素朴な疑問が残る。第4章は、そうした素朴な疑問に答えつつ、「日本人の自生的な宗教倫理」を、国家による強制によることなく民主主義的な方法で涵養する方法を模索する論文である。

第4章▼官僚制的消費資本主義と宗教倫理のセラピー化

――オウム事件の深層

キーワード………官僚制的消費資本主義／超越的な理念・戒律／「生かされている」感覚／宗教倫理のセラピー化／宗教的なポップ・カルチャー

――その時、荒木〔熊田註――オウム真理教・現在はアーレフと改称の広報部長〕が私に投げ返した言葉は、今も忘れることができない。

「じゃ逆に聞きますけど、人が人を殺してはならないという根拠が、どこにあるっていうんですか!?どこにもないでしょう!?」

「人を殺してはならない」という倫理に根拠などはない、ということは、条件次第では人を殺しても構わない、ということだ。言うまでもなくそれは、「救済という目的のためなら、殺人も許される」というタントラ・ヴァジラヤーナの思想そのものである。(1)

1　宗教教育の問題

オウム真理教事件や一部の異常な少年犯罪のために、宗教教育をめぐる議論が活発になっている。しかし、若い世代はそもそもどのような「生活思想」を抱いているのだろうか。この疑問に答えるために、ある仏教団体設立の宗門大学の三・四年生の学生を対象として簡単な質的アンケートをおこなった。彼らは、一・二年次において宗教学入門・仏教学入門・禅学入門のうち二科目を選択必修科目として履修している。アンケートの設問は、「なぜ人を殺してはいけないのか？　場合によっては殺してもよいと思う人は、その条件を述べよ」というもので、プライバシー厳守を約束した記名式アンケートであった。

アンケート結果は、以下のとおりである。仏教の不殺生戒を用いて回答した学生はごく少数である。日本人なりの超越的なものの感じ方は、「人間は自分一人の力で生きているのではなく、生かされて生きている」というものであるが、この「生かされている感覚」を用いて回答したサンプルは多数あった。しかし、それに続いて多かった回答は、「自分が殺されるのは嫌だから」というものである。「自分がされて嫌なことは人にしてはならない、だから人を殺してはいけない」というわけである。しかしこの回答には、「自分が死にたくなったら（殺されたくなったら）」どうするのかという不安定さが感じられる。「殺したい人と殺されたい人を会わせる制度を作ればいい」という、こうした不安定さが直接出た回答もあった。ごく少数ながら、ニヒリズムに近い回答もあり、僧侶の卵のなかにもそうした回答が見られた。

「自分が殺されるのは嫌だから」という回答には、宗教倫理の「セラピー化」の傾向が見られる。「生かされている」感覚を直接表現した学生たちが他者と自己との関係性から回答を組み立てているのに対して、「自分が殺されたくないから」と回答した学生たちは、まず自分の情緒的満足に目を向けて回答を組み立てているのである。この二タイプの学生の宗教倫理にはかなりの相違があり、前者から後者への移行を「宗教倫理のセラピー化」と表現することが可能だろう。

「セラピー的宗教倫理」の問題点は、アメリカの宗教知識人によって再三論じられてきたことだが、日本の文脈でもある程度あてはまることが調査によって明らかになった。日本における従来の宗教教育をめぐる論議では、宗教倫理の「セラピー化」の問題は、軽視されてきたのではないか。それは、近代の日本人の「功利的和合倫理」においては、「我を捨てて人の和を大切にしたほうが結局は自分の利益にもなる」とされているから、世界有数のキリスト教国でありセラピー大国でもあるアメリカの宗教知識人の好きなセラピー文化批判は当てはまらない、と考えられてきたからだろう。

家族以外の持続的共同体を大幅に失った現在の学生の宗教道徳意識が「セラピー化」していくのは時代の必然であり、「宗教知識教育／宗教情操教育」の二分法を越えて、そうした若者たちに「生かされている」感覚を叩き込むような宗教教育こそ、いまこそ求められているものではないか。そうした宗教教育は、教員と学生・学生と学生との間の人間関係の再編成を含んだものである必要があるだろう。現時点の日本では、学校における宗教教育だけではなく、マンガ『寄生獣』や映画『バトルロワイアル』のように高度に宗教的なポップ・カルチャーもまたそうした役目を果たしているのではないか。

2　日本の若者の「心の習慣」

現行の宗教教育は、若い世代に対してどれだけ即効的な実効性をあげているのだろうか？もちろん、オウム真理教の勢力は最盛期でも一万人強であり、どう少なく見積もっても一千万人は下らない日本の新宗教全体から見れば微々たるマイナーな勢力に過ぎない［島薗 1995］。また、問題をいたずらに煽り立てるマスメディアに対して教育社会学者たちが繰り返し注意するように、日本における少年犯罪はもともと先進諸国のなかで最も発生件数が少ないうえに、現在において発生件数は増えるどころか逆に減少しつつある。

しかし、一九九五年にオウム真理教が引き起こしたサリンガスによる無差別殺人事件は、あまりにも日本社会にとって衝撃的であった。また、かつての高度成長以前の日本における少年犯罪の動機が、貧困など、比較的人々に理解しやすいものであったのに対して、件数は減少しているとはいえ、近年の少年犯罪のなかには、「人を殺す経験をしてみたかった」「人間を壊してみたかった」といった大人たちにとって「動機の理解に苦しむ」ものが散発している。もちろん、商業主義の論理にもとづきセンセーショナリズムに走りがちなマスメディアの煽動にのることは慎重に回避せねばならない[2]。しかしながら、オウム真理教事件や「異常な」少年事件の背後にあるより広い範囲の一般の若い世代の「心の習慣」〔Bellar et all, 1985(1991)〕を理解しておくことは、必要な作業だろう。こうした作業は、現在進行形の宗教道徳教育や日本の教育改革をめぐる論議に資するところがあるはずだ[3]。

3　調査の方法

前記のような問題意識にもとづき、私は勤務先の愛知学院大学文学部宗教学科において二〇〇〇年の十二月十九日四限目の「宗教学研究」の授業時に、簡単な質的アンケートをおこなった。調査に協力していただいたのは、この講義を受講しており、当日出席していた宗教学科の三・四年生の学生諸君四十六名であった。宗教学科の偏差値は五十弱であるが、宗門大学である関係もあって、「受験勉強に強い」タイプの学生も散見される。宗教学科の学生の就職先は、宗内生（曹洞宗の僧侶の卵・学年の約五分の一）を除けば愛知学院大学の他学部・他学科と変わりない。要するに、調査対象となったのは、現代日本の平均的な若者たちなのである。

ただし、彼らは当然宗教に対して一般の若者よりは深い問題意識をもっていることが多い。また彼らは、一・二年次に宗教学入門・仏教学入門・禅学入門のうち二科目を選択必修科目として受講している。つまり、彼らを調査対象にすることには、日本の平均的な宗教団体設立の大学でおこなわれている宗教教育が果たして一―二年の短いタイムスパンでどの程度の効果をあげているのか、をある程度知りうるというメリットもある。

調査時の講義では、前半は島薗進の論文「心理＝宗教複合的運動の倫理性」［島薗 1996］をプリントして配り、「宗教よりも心理療法の方が人気がある現代の日本社会において、宗教が担ってきた道徳の問題はどうなるのか」ということを考えさせる授業をおこなった。講義の後半で、「出席小レポート」というかたちでアンケートをおこなった。「宗教の出会い型調査」(4)なる用語を考えた学者がいるが、その用語を応用すれば「権力利用型・恫喝型」の調査であった。「プライバシー厳守」は学生たちに約束したが、「記名式」のアンケートであった。記名式なので、当然本音よりも「優等生的な」おとなしい回答を寄せてきたことが推察される。「おとなしく答えてこの結果か」というのが私の正直な感想である。

アンケートの設問は、①自分の倫理意識は「歴史宗教・新宗教・新霊性運動」のどれに最も近いか？、②どうして人を殺してはいけないのか、自分の考えを述べよ。場合によっては殺してもいいと思う人は、その条件も述べよ、というものであった。回答の分量は、Ｂ５版のコピー用紙を半分に切った用紙を配り、「片面以上書くこと」と指定した。設問１は、講義の前半部分と関連したものである。また、授業時に雑談で最近の「異常な」少年犯罪についておしゃべりしたので、回答にはそのことに触れたものも多い。設問2の後半部分は、学生の本音を引き出すための「誘導尋問」であった。以下に転載する［A］から［J］の小レポートは、一言一句たりとも修正を加えていない。

4　超越的な理念・戒律

サンプルとなった学生たちは、仏教学入門あるいは禅学入門のどちらかを受講している。しかしながら、サンプルには宗内生の回答もかなり含まれているにもかかわらず、既成仏教の「不殺生戒」という戒律に言及したサンプルは、四十六人中ほんの二、三人であった。数字が大まかなのは、記述式のアンケートであったため、サンプルの厳密な分類が困難だからである。やはり、倫理学者の相良亨が論じたように、日本人の宗教道徳生活では、「現実と否定的に関わる超越的な理念や戒律」にしたがう傾向が弱く、「主観的心情の純粋さ」（それは現在では「誠実」という言葉で代表される）を尊ぶ傾向が強いのである［相良 1992］。日本以外の世界の若者を対象にして同様のアンケートを実施すれば、「神の定めた掟」や「不殺生戒」に言及する回答が圧倒的に多いだろう。

不殺生戒に言及したサンプルを一例だけ紹介しておこう。

［A］

①歴史宗教

②例えば、自分が人を殺してしまったり、人を壊したりむちゃくちゃしたりしても、その場の怒りや、勢いだけで行動をおこすと、自分だけに迷惑がかかるわけではなく、親や友人、近所の方々、そしてなによりも殺したりした相手の親ないし友人を奈落の底に突き落とすことになるのだから、自分にとって、決してプラスになることはなく、何に対してもマイナスという部分だけが存在してきます。では、自殺はどうかということになると、「自分で勝手に自分をいためつけ、死んでいくんだから」といわれればそれまでだけれども、それもさっき述べたのと同じように自分にとってプラスになるということはなく、マイナスしか存在しないんだから。「死」という意味、仏教語でいう「殺生」なのですが、殺生自体は何の意味も持たずに、ただ、むなしさや悲しみを生み出すだけの言葉や行動にしかならないと思います。とりあえず、私が考えるのは自分の命や人の命を大切にしないということが信じられないように思います。

5 「生かされている」感覚

「現実と否定的に関わる超越的な理念や戒律」にしたがう傾向が弱く、「主観的心情の純粋さ」（それは現在では「誠実」という言葉で代表される）を尊ぶ傾向が強い日本人の、日本人なりの超越的なものに対する感覚は、「人間は自分一人の力で生きているのではなく、生かされて生きている」というもの、「生かされている」感覚である。オウム真理教はその根本講義である「聖無頓着（初期には平等心と呼ばれた）」の教え（心理統御技法）によって、この「生かされている」感覚を正面から全否定した［島薗 1995］。しかしながら、圧倒的多数の日本の新宗教は、この「生かされている」感覚を伝達することを主たる目的として、さまざまな工夫を凝らしている、と言っても過言ではない。

アンケートのサンプルのなかにも、この「生かされている」感覚を用いて殺人を否定したものはひじょうに多かった。カウントの仕方にもよるが、全サンプルの少なくとも過半数がこうした回答であった。以下に、そうした回答を三例引用しておく。サンプル［B］では、「古い考えかもしれないが、人は人によって生かされているのだから、その縁を勝手に断ち切っていいわけがない」と、「生かされている」感覚にわざわざ「古い考えかもしれないが」と断り書きを入れているが、これはおそらく両親や祖父母といった家族成員や地域社会の身近な年長者に口承で教えられたからであろう。このサンプルの場合、いわば「父祖の知恵」(5)として「生かされている」感覚が存在しているのである。

日本人の「生かされている」感覚は、「自生的倫理意識」としてまだまだ健在である、と結論してもよいだろう。

［B］

①歴史宗教

②人を殺す、という事はその本人だけでなく、縁故のある人にも影響を与えるので、その点からしてもいけないと思う。

今、この世界に生きている人で他人と全く関係を持っていないという人は無いだろうし、誰からも好かれていない人もいないと思う。

だから、他人を殺すだけでなく、自らを殺す自殺もしてはならないと思う。

古い考えかもしれないが、人は人によって生かされているのだから、その縁を勝手に断ち切っていいわけがない。

自殺も「楽になろう」という意識で行われるのだろうが、残された人々は決して救われることはないと思う。
だから、死刑についてもできることならば無い方が良いと思う。

［C］
①精神世界
②人は、一人で生きているのではなく、親や社会の人々に支えられて生きているのだから、人を殺してはいけない。例えば、人を殺したらその人だけが苦しむのではなく、その人に関わる人々が大勢悲しむ。そういう人の気持ちを考えたら、人を殺してはいけないというのは当たり前のことである。
どうして17歳の少年が人を殺したいのかわからない。人に愛されたり、愛したりしたことがないからなのだろうか。私にとって人を殺すことはとんでもない恐ろしいことなので、17歳の少年を説得できません。

［D］
①精神世界
②人を殺してはいけない。何故なら、その人はその人個人だけの「人格」ではなく、周囲の人も含めて一つの「人」となっているからだと私は思う。死んでしまった人よりも、残され

た人の方がつらいのではないだろうかと思う。（略）

6　宗教倫理のセラピー化

前節では、日本人の「生かされている」感覚は、「自生的倫理意識」としてまだまだ健在である、と結論した。確かにそれはそうなのだが、サンプルをよく観察すると、この「生かされている」感覚に微妙に翳りがさしていることがわかる。「生かされている」感覚に直接的には言及することなく、「自分は殺されたくないから」と答える回答も多く見られる。「自分がされて嫌なことは人にしてはならない、だから人を殺してはいけない」という回答である。カウントの仕方にもよるが、全サンプルの約三分の一がこれに類した回答であった。以下にこうした回答の例を四例引用しておく。

一見もっともらしいこの回答には、「自分が死にたくなったら（殺されたくなったら）」どうするのかという不安定さが感じられる。サンプル［G］や［H］、とくにサンプル［H］には、そうした不安定さが如実に現れている。［G］では、「自殺する人は、他人も殺せる人だと思います。死ねないから、殺せないです」と告白されている。さらに［H］では、「殺したい人、殺されたい人大集合」というSF的な意見が告白されている。サンプル「H」は、昨今の「異常な」少年犯罪の「見えにくい動機」を考えるうえで示唆的である。「異常な」少年犯罪の加害者に、アメリカ産の精神医学診断マニュアルDSMを適用して、しばしば「(○○性)人格障害」という、一見西洋近代精神医学の専門的権威に裏付けられているようだが、よく定義を聞いてみると実はかなりあやふやな精神鑑定をおこなうことにも、もちろん一理も二理もあるのだろう。しかし、「異常な」少年犯罪の加害者の動機を、こうした「生かされている」感覚の弱体化(消滅とはいわない)という文脈で理解することもまた必要なのではなかろうか。(6)

こうした「自分は殺されたくないから」と答える学生においては、「生かされている」感覚が前節で取り上げたような学生に比べると弱体化していることも否めない。前節で取り上げたような学生が「他者と自己との関係性」から発想しているのに対して、「自分は殺されたくないから」と答える学生は、「自己の情緒的満足」から発想しているのである。この二タイプの学生の宗教倫理にはかなりの相違があり、前者から後者への移行を「宗教倫理のセラピー化」と表現することが可能だろう。

マッキンタイアは現代社会の精神状況を「道徳の衰退」ととらえる。道徳は意義が乏しいと考えている人が多いのだが、その立脚点となるのは「情緒主義」(emotivism)の道徳理論だという。それは道徳的な判断は個々人の好みや感情によってなされるほかなく、したがって合理的な正当化ができない、という立場である。この立場に立てば、利益や好みを異にする他者と道徳的判断を共有することはできず、合意を形成し、共同行動することはけっしてできないことになる[MacIntyre 1981(1993)]。

マッキンタイアとベラーらによれば、このような脱道徳的人間が広がっていく背景には、官僚制的社会構造の確立がある。官僚制的な文脈では、人は計測できる経済目的・福祉目的の効率のよい達成のための手段として遇される場面が増大する。そのようなものの見方、考え方を代表して現代社会を動かしていく現代的なキャラクター（人物像）として、マッキンタイアとベラーらは、「経営管理者」（manager）をあげる。ところが、経営管理者が活躍する社会では、他方、「セラピスト」（therapist）のキャラクターが活躍する場面も増大するという。

セラピー的な態度が官僚制社会に適合的なのは、それが道徳的議論にもとづいてなされる共同の行動や、その前提となる共同の目的に関与しようとしない非社会的な個人主義を勧めるからである。個々人の心理的福祉（癒しや健康や生き生きとした状態）を最終的価値とし、人生において追求すべきものをそこからのみ導きだし、他者との関係は契約関係として割り切り、社会的問題は市場と官僚制による調整に全面的に委ねる。ビジネスでの人間関係を円滑にし仕事の効率を高めるには、このようなセラピー的態度がたいへん都合がよい。しかしその代償は、人間同士としての他者との本来的な交流が失われていくことである、という[MacIntyre, ibid : Bellah et all, ibid]。

サンプル［H］の「殺したい人、殺されたい人大集合」というSF的な回答には、まさにマッキンタイアやベラーらの分析する「セラピー的態度」が典型的に見られる。この学生はわかっていないようだが、もちろん、「殺してくれ」と頼む人を殺したら、法律的には嘱託殺人罪を構成する。「殺したい人、殺されたい人大集合」したときに、この両者の間に成立している関係性はいったいなんだろうか。「私は人を殺しかった、だから満足だ」「私は人に殺されたかった、だから満足だ」と言いたいのであろうが、そこでは「人間の生命は大切だ」という「共同善」(common good)が完全に見失われ、お互いに相手の他者を「それ自体が目的」ではなく「自己の私的充足を満足させるための手段」としてみなしている。サンプル［H］のSF的な発想では、「生かされている」感覚、日本人の自生的倫理意識がほとんど見失われ、マッキンタイアやベラーの分析する「セラピー的態度」がそれに取って代わっている。

もちろん、私は、こうした「自分は殺されたくないから」という回答をする学生に「生かされている」感覚がまったく欠如している、と言いたいのではない。「自分がされて嫌なことは人にしてはならない」という部分には、少なくとも「自分と相手の他者」との間には、「己の欲せざる所人に施す事なかれ」という儒教的倫理、あるいは「生かされている」感覚の派生物とでも言うべき「お互いさまの論理」が働いている。(7)

［H］の、「『殺したい』と思ったら、想像の中でメタメタにし、物を破壊し、最後に『法律がなかったらなあ』としみじみ思う」「今は『殺してはいけない』とは思うがよくわからない」と述べる、ニヒリズムすれすれの回答でも、「でも知っている人は殺せない」し、「周囲に迷惑をか

けたくなかった」という部分に「生かされている」感覚が残存していることが見られる。島薗が指摘するように、マッキンタイアとベラーらのセラピー批判はたいへん鋭いものであるが、やや道徳主義的であり、人間の自生的な道徳性に対して評価が厳しすぎるのである。(8)

［E］

①精神世界

②

・自分が殺されちゃったら嫌だから、それを人にやるのはダメ。

・殺すより生かしておいた方が、自分にとっても利益があるから。住みやすい世の中のがいいし。

・今の世の中、法で「殺しちゃダメ」ってなってるんだからわざわざ他人を殺してめんどくさい処理とか、逃亡とか、したくないし、ケーサツでいろいろ話すのもめんどい。人殺してもあんまりいいコトないからやらないほうがいい。

・自殺したい人や安楽死を望む人がいるとしたら、その人の好きなようにさせてあげればいいかもしれない。でも他人のしあわせをうばったり、悲しませるのはやめた方がいい。

・いつか死ぬ時がくるんだから、自然にまかせたいなぁ。

［F］
①回答なし
②私はどんな場合であったとしても人は殺してはいけないと考えます。どうしてかというと私は殺されたくないからです。自分が嫌だと思うことは他人に対してもしてはいけないことだと思うのです。殺人というのはとてもこわいことです。最近では少年がおこす殺人事件が（それ以外もですが）増えてきています。彼らは「ただ殺してみたかった」とか「殺す経験をしてみたかった」などと答えているそうですが、私にはとても信じられないことです。もし自分が同じ目にあうと思えばどうでしょうか。世の中には「どうしようもない人」という人がいますが、そんな人達でも殺してはいけないと思います。殺してしまったら罰を受けることはできません。殺されてもしかたがないようなことをしたとしてもただ死ぬだけではなまやさしい、と私は思います。そういう人達はきちんと罪をつぐなわなくてはいけない。
（略）

［G］
①新宗教
②単純に思いつくなら、殺人者は被害者の生きる権利をうばっているから、だと思います。
「人の嫌がることをしてはいけない」と教えられてきて、人の生命を奪うことは、最も嫌が

られることのはずだから、改めて「どうして」と尋ねられても、よくわかりません。当たり前のことだと思うからです。基本的には死刑反対論者なのですが、終身刑（死よりつらい生もあると思うのですが）がない日本という国にいると、最近のあまりに酷い事件を耳にするときには、「死刑」を肯定せざるを得ない自分もいるのです。

だけど、正直「法律」で決められているから、と。もし、殺人が犯罪じゃなかったら、やってしまう自分がいるかも知れない。本当に人を殺さなくちゃいけない状況になったら、殺してしまう自分がいるかも知れない、とも思います。けれど、今は自分と他人を同化させてしまうから、自分が死ぬのが嫌だから、他人は殺せないと思います。

自殺する人は、他人も殺せる人だと思います。死ねないから、殺せないです。

［H］

①精神世界

②「殺したい人、殺されたい人大集合」

今はおさまっているが、つい2、3年前まで「殺したい」要求と「死にたい」要求ではちきれそうだった。「殺したい」と思ったら、想像の中でメタメタにし、物を破壊し、最後に「法律がなかったらなあ」としみじみ思う。「殺したい」時は、私の場合、誰でもよい場合が多かった。すんごいすっきりしそうだし、殺してみたいとただ思ったりした。でも知っている人は殺せない。知らない人なら殺せる。そんな時、「サカキバラセイト」の事件が起きて、大人たちが騒いだ。「みんなこれぐらいのことは考えているのに、なぜあわてる」と思った。でも、想像していたことを実行するかしないかということは重大なことだと今は思う。結局なぜ私は殺さなかったのかというと、「周囲に迷惑をかけたくなかった」と「牢屋に入っている時間がもったいない」という理由だったと思う。生きることが困難な状況でも「生きたい」と思っている人もいるのに、「死にたい」人もたくさんいて…。「死にたい」と「殺されたい」とは違うと思うが、「死にたい人と殺したい人」が偶然、そうなれば丸くおさまるのにと思ったりもした。だが今は「殺してはいけない」とは思うがよくわからない。

7　ニヒリズム

全サンプル四十六例のなかには、第4節で扱った「不殺生戒」を用いた回答と同様、ごく一部であるが、ニヒリズムと呼びたい回答もあった。サンプル数は、カウントの仕方にもよるが、三例であった。この数字を多いと見るか意外と少ないと見るかは、論者によって異なるだろう。参考までに、こうした回答を二例紹介しておく。私は二〇〇一年一月九日に、このアンケート結果を分析した授業をおこなったが、サンプル［J］の三の部分は、私の授業を受講して、匿名でレポートを読み上げられてニヒリズムと批判された同じ学生が期末レポートで書いてきた釈明と補足説明である。この学生の場合は、「大衆社会批判」がニヒリズムに結びついたのである。サンプル［J］の回答者は、宗内生であった。既成仏教と、ニヒリズムやオウム真理教の信仰世界が、もちろん決定的に異なるのだが、ある点では「紙一重」の位置にあることをうかがわせる。

［I］

①精神世界

②自分個人的には、人を殺してもいけないというのは法律などを除けば、いけないこと、とは思わない。

今では人を殺すとついてくるのは、遺族の悲しみ、自分の家族、親戚などへの世間からのかぜあたり、また自分自身の人生の崩壊、逮捕されることへの恐怖、などがあると自分ではあると考えられる。

そのようなことがあるので殺人が抑制されているのであってもしなかったら殺人なんて日常茶飯事に起きていると考えられる。

色々な要素があるが、殺人できる、できないで考えるとできないであろうが。殺して　もいいと思う、または殺したいなどと考えるのはだれでも潜在的にもっていると思う。

だからというわけではないが、人を殺してもよい、と自分では思う。

［J］

①精神世界

②社会における影響が無ければ良いと思う。3才の子供を餓死させた母親がいたが、あれは『マスコミに取り上げられず』『父親の同意』があれば良いと思う。マスコミに取り上げられるという事はメディアを通して多くの人間に何らかの影響をあたえるからだ。例えば、子供を産んでとどけを出さず、人里はなれた山の中で15才まで育てた我が子を殺害（方法はとわない）し、焼却し、骨をくだいて土にばらまけば、社会的、法的には何も問題ないだろう。（ただし、他人に知られてはだめ）自分におよそかかわりの無い人間が今この瞬間何十人と死んでいるだろう。だが、そのような人間が何人死のうと、僕はいたくもかゆくもないのだ。だから社会的、人間関係的、利害的に問題がなければ、もともと弱肉強食の世界であるのだから良いと思う。人間以外の動物は日常、平気で殺しているのに同種のホモサピエンスだけが命がとうといはずはないのだから。それに罪にならない殺人だっていくらでもある。神も仏もいない。死ぬときは死ぬし、滅びるときは滅びていく。自分こそが至上であり、自分が無くなればそこは無なのだから。

社会という強大な力に対抗しうる力を持つなら殺人なんてものは簡単にできるわけだし。

答えとしては『どうでもいい』条件次第では『しても良い』

③（略）

人間の命は本当に尊いのか。非常に難しい問題であると思う。僕は実家がお寺である。故に死に関しては同世代の人間と比べて格段に関わる機会が多い。だから死については人より考えていると思う。

（略）

テレビでリンチ殺人があったと報道されればリンチ殺人をし、自殺した生徒がいると報道されれば自殺する今の若者たち。外見を売りにする若い芸能人と彼等のプライバシーを公開し金を集めるマスコミ。その情報に群がる民衆達。こんな人間達の命は食べる事、寝る事、増える事しか望まず必要最小限の殺生しかしない動物達の命より絶対的に重いものなのだろうか。僕ら人間はこんなにも多くの人間以外の犠牲の上に成り立っていて良いのだろうか。それだけの価値があるものだろうか。一つ言える事は僕にはこんな事を口を大にして言う権利はないということ。何しろ僕もその愚かしい民衆の一人なのだから。（略）

8　宗教的なポップ・カルチャー

第3節から7節までの調査結果を見て、「今時の平均的な若者は案外しっかりしている」と見るか、「やはり今時の平均的な若者は危ない」と見るかは、論者によって異なるだろう。ここで注意をうながしておきたいことは、この調査結果を見て、けっして「愛知学院大学の学生、とくに宗教学科の学生は危険だ、それは偏差値が低いからだろう」などと解釈してはならない、ということである。偏差値と「生活思想(9)」の危険度に何の相関関係もないことは、何も大規模調査をおこなわなくても、オウム真理教の並み居る偏差値エリート・高学歴信者を見れば一目瞭然である。

私としては、ここまでの調査結果の分析から、少なくとも次のことが言えると考える。

①日本人の自生的倫理意識である「生かされている」感覚は、若者の間でも依然として健在である。しかしながら、一部で弱体化の兆しが観察される。

②アメリカの宗教知識人の好きなセラピー文化批判は、日本の宗教文化の文脈でもある程度まで

は当てはまる[10]。

「セラピー的宗教倫理」の問題点は、アメリカの宗教知識人によって再三論じられてきたことだが、日本の文脈でもある程度あてはまることが調査によって明らかになった。日本における従来の宗教教育をめぐる論議では、宗教倫理の「セラピー化」の問題は、軽視されてきたのではないか。それは、近代の日本人の「功利的和合倫理」においては、「我を捨てて人の和を大切にしたほうが結局は自分の利益にもなる」とされているから、世界有数のキリスト教国でありセラピー大国でもあるアメリカの宗教知識人の好きなセラピー文化批判は当てはまらない、と考えられてきたからだろう。

産業構造の転換（サービス業＝「人間関係のゲーム」の隆盛や会社における終身雇用制の解体）にともなって、若い世代の働く職場環境から持続的共同体がますます減少し、生活空間のなかの地域共同体や親族共同体が弱体化していく状況のなかで、「なぜ人を殺してはならないのか？」という問いに対して、第6節で分析したような「セラピー的宗教倫理」つまり、「私は殺されたくないから」と答えるような若者は、今後も増加の一途をたどることは容易に予想される。そのような状況のなかで、いま、宗教教育に求められていることは、「宗教知識教育か宗教情操教育か」という二分法を越えて、「私は殺されたくないから」と答えるような学生に対して、「生かされている」感覚を実感させるような新しい種類の宗教教育ではないか。それは、教員と学生・学生と学生との間の人間関係の再編成を含むものである必要があるだろう。

日ごろ「今時の平均的な若者」である学生たちとつきあっていると、「生かされている」感覚を若い世代に実感させているのは、一般学生はもちろんのこと、宗内生においてすら、大学の宗教教育だけではなく、マンガやアニメや音楽などの、日本が世界に誇りうるポップ・カルチャー（大衆文化）でもあるように思われる。一九九〇年代のマンガなら岩明均の『寄生獣』[11]が典型的にそうだったし、二〇〇〇年の映画なら深作欽二監督・ビートたけし主演の『バトルロワイアル』がそうだった。[12]日本の若い世代は、「生かされている」感覚の逆の、「自分が生き残るためには、他者を殺すしかない」という極限状況を描いたこうしたポップ・カルチャーに接することによって、逆説的に「そんなことは絶対にできない」という感覚、自分の弱体化しつつある「生かされている」感覚を再確認しているようにも思われる。この問題提起をもって、本章の結びに代えたい。

最後に、高度に宗教的なポップ・カルチャーが、若者の弱体化しつつある「生かされている」感覚を再確認させている例として、先に紹介したマンガ『寄生獣』の一節を引用しておきたい[岩明 1990-1995]。これは、一千万部以上売り上げた岩明均の大ベストセラーとなった。このマンガは、人間の脳を乗っ取って人間を食糧にするパラサイトと、脳ではなく右手を乗っ取られたことによって、ミギーという名前のパラサイトと奇妙な共生関係を結ぶことになった進一という名前の男子高校生との死闘を、宗教道徳問題に対する深い思索を込めて描いたものである。以下の会話は、自分たちを危険な存在として抹殺するために進一の通う高校に乗り込んできたパラサイトとどう戦うかという作戦を練るときに、進一とミギーの間で交わされる会話である。パラサイトは、人間と違って徹底的に合理的な思考しかできない。

ミギー　〔熊田注――パラサイトの〕一方が人ごみの中にまぎれてしまうともう一方には見分けがつきにくくなる
進一　ああ……なるほどそれでおれらは有利になるわけだあ　相手は服装も違うし一目瞭然だけどこっちは顔ふせてりゃわからないもんな
ミギー　そういうことだ……だが、それでも「A」〔熊田注――侵入してきたパラサイト〕は強引に攻撃してくるだろう　「A」が手前の人間をなぎ倒している間にわたしが〔熊田注――パラサイトは自在に変形可能〕真一文字にヤツの心臓を貫く……まあ単純な作戦だ
進一　手前の人間を……なぎ倒す!?
ミギー　そうだ　シンイチは集団の中央にいる　いわば「肉の壁」だな　「A」にとっては障害物　われわれにとっては盾というわけだ
シンイチ　に……肉の壁だと……？　おまえらの本性……忘れてたぜ！
〔熊田注――進一は、学生集団を走り離れて一人きりの場所に到着する〕
進一　はあっはあっ

手前の人間を…………
なぎ倒す!?
そうだ　シンイチは集団の中央にいる
いわば「肉の壁」だな
「A」にとっては障害物
われわれにとっては盾
というわけだ
に……
肉の壁だと……？
おまえらの本性……忘れてたぜ！

『寄生獣』© 岩明均／講談社

ミギー　おいシンイチ　私の作戦が気に入らないのか？
シンイチ　あたりまえだ！　いったい何人殺す気だ!!
ミギー　でも自分の命を守るためだぞ！　わたしの方も「A」の体を肉の壁もろとも貫くつもりだ　その方が確実だからな　自分が生きるために他の命を犠牲にする動物はそうやって生きているのだ　はやく集団の中へまぎれこめシンイチ！
シンイチ　……　おまえ……日本語うまいね……　なぜだ……？　それだけ人間の言葉がわかるのに……(13)

注

(1) 岩上安身「最新組織内情勢――ヴァジラヤーナは眠らない」別冊宝島編「隣のオウム真理教」所収、宝島社、一九九九年、一一ページ

(2) 私は、個人的には少年事件に対して厳罰化をもって対処しようという二〇〇一年度の日本の少年法厳罰化に対して反対の立場である。「法の抜け道探し」を生むだけではないかと危惧するのである。それよりは、日本人の自生的倫理である「生かされている」感覚を強化するような矯正教育をおこなうべきだと考える。

(3) 私は、現在の教育基本法改正論議における「奉仕活動を義務化する」という案に対しても反対の立場である。「奉仕活動をしたい人のために環境を整える」ということなら大賛成であるが、「義務化」は逆効果になる可能性があると考える。

（4）「出会い型調査」は宗教学者である井上順孝の用語である。
（5）「父祖の知恵」は社会学者である大村英昭の用語である。
（6）「サイコバブル」とも呼ばれる昨今の心理学ブームのなかで、一部の精神科医がどう考えてもコメントできないであろうことに対してまでも、マスメディアで発言しているのは、慎むべきことだと私は考えている。
（7）「お互いさまの論理」は宗教社会学者である西山茂の用語である。
（8）島薗進「心理＝宗教複合運動の倫理性——新宗教・新霊性運動・心理療法」『精神世界のゆくえ——現代世界と新霊性運動』東京堂出版、一九九六年、二一〇ページ
（9）「生活思想」は思想家である吉本隆明の用語である。
（10）また、もしかすると、現在の仏教団体設立の宗門大学の一般教養課程における宗教教育は、長期的に見ればもちろん有効なのであろうが、ごく短いタイムスパンにおいては、あまり学生の「生活思想」には影響を与えていない可能性も考えられる。
（11）もっとも、ニヒリズムの回答［J］を寄せてきた宗内生も、期末レポートで『寄生獣』の愛読者であることを告白した。既成仏教とオウム真理教が紙一重であるように、ポップ・カルチャーも誤読の危険性は十分に孕んでいる。私は、手放しでポップ・カルチャーを礼賛する気は毛頭ない。
（12）文部科学省は『バトルロワイアル』を「残酷すぎる」という理由で「十四歳以下は視聴禁止」としたが、これはまったくのナンセンスであり、若い世代から「生かされている」感覚を再確認する貴重な機会を奪う愚行であった。
（13）岩明均『寄生獣（1）』講談社アフタヌーンKC、一九九〇年、二〇三—二〇五ページ

ノート――V

大衆消費社会とナルシシズムそして神道文化

第5章は、大衆消費社会におけるナルシシズムの可能性を論じたものであり、現代日本の神道界におけるバックラッシュの動きに対する牽制球である。

フェミニズムと大衆のナルシシズム

フェミニズムは、ジェンダーの「あるべき姿／あるべきでない姿」を論じつづけてきたが、大衆消費社会における女性や、一九七〇年代以降のポストモダン状況のなかでは男性のナルシスティックな欲望について論じることは極めて少なかったように思われる。小倉千加子が大衆消費社会における女性のナルシスティックな欲望について、昔から正面きって論じてきたが、小倉の論考は、日本の女性学の主流派からは、「あの人にはミーハーなところもある」「あの人は芸達者だから」で片づけられて、小倉の着眼点や方法論の共有は本格的にはなされてこなかったように思われる。

日本のフェミニズム／ジェンダー研究は、概して、いわばストイックだったのである。日本のフェミニズムがストイックだった理由としては、研究者の世代的問題と、エロスの問題を回避しようとする傾向が考えられる。日本のウーマン・リブ（女性解放運動）＝第二期フェミニズムは、団塊の世代の研究者によってリードされてきたが、この世代は一九七〇年代以降の大衆消費社会の到来以前に自己形成をとげており、若い世代ほどには大衆消費社会状況になじめなかったのだろう。また、エロスの問題を回避しがちであったのは、保守的男性、フェミニストの言う「オヤジ」から「ブスのヒステリー」と批判されることを警戒していたからだろう。

しかし、大衆消費社会における人々のナルシスティックな欲望を軽視しがちであった結果、日本のフェミニズムは、日本の若い世代の普通の人々からは「ウザイ奴ら」という印象をもたれがちであるという状況が生じた。一九九九年に、フェミニストの官僚や政治家は男女共同参画基本法を成立させ、内閣府直属の男女共同参画局を設置し、「上からの」ジェンダーフリー社会実現への取り組みが始まった。もちろん私はこの動きを歓迎しているが、もしもフェミニズムがPC（Political Correctness、政治的正しさ）的な糾弾だけに走ってしまったら、かえって若い世代の反感を買い、結局社会のバックラッシュ派を利することになってしまう可能性を危惧するのである。今時の普通の若者がフェミニストと聞いて真っ先に思い浮かべるのは、「ビートたけしのTVタックル」に常時出演している田嶋陽子であり、けっしていい印象はもたれていない。

日本のジェンダー研究は、大衆消費社会における人々とのナルシスティックな欲望に正面から取り組む必要があるだろう。第5章で取り上げる大本聖師・出口王仁三郎の女性論は、近代よりもむしろ彼が自己形成した時代である近世との連続性においてとらえられる要素が、大正期の「第一次大衆消費社会」（モダンボーイやモダンガールの時代）状況のなかにおいて開花したものであり、いわば「大衆消費社会状況における近世の復活」である。私は、出口王仁三郎の思想のこうした部分は、一九七〇年代以降のポストモダンの大衆消費社会状況において現代的可能性をもつものだと考える。

たとえば、二〇〇四年度のイラク戦争に対する日本の若者の反戦運動は、極めてファッション性を重視した運動であった。全共闘世代の論客は、マスメディアにおいて若者の反戦運動のこうしたファッション性を「不真面目だ」といっせいに批判していたが、私は日本の若者のこうした感性こそ積極的に評価したい。「戦争なんてダサイからイヤだ」という感性は、反戦運動においてけっして軽んじられるべきものではない。晩年の三島由紀夫の提唱していた「美としての天皇制」をもじって言えば、「美としての平和主義」もまた現代的な平和運動において重要だと考えるのである。

神道界のバックラッシュ

現代日本の宗教界は、政府の主導するジェンダーフリー社会実現への取り組みに対して、大勢としては、教団としての取り組みの姿勢をまだ保留している。「ジェンダーフリー社会反対」の姿勢をすでに公式に表明している宗教団体は、有名教団では、神社本庁・生長の家（神道系新宗教）・世界基督教統一神霊教会（韓国産のキリスト教系新宗教）である。しかし、創価学会（仏教系新宗教）以外の、多くの新宗教の大教団の内部で、「教団内バックラッシュ」が現在、けっして軽視できない勢いをもっているという話はよく伝聞する。教団内バックラッシュがとくに盛んなのは、仏教系よりも神道系の新宗教だという話である。

一般に、既成宗教よりも新宗教において教団内バックラッシュが盛んなのは、一九九〇年代の小泉改革と深く関係していると思われる。日本の新宗教は、国政選挙のたびに千万票以上の票を動かせるのでけっして軽視できない。最大の新宗教団体である創価学会（実質的信者数は三百―五百万人と推定される）は、主力部隊である婦人部の力で、近い将来にジェンダー・フリーの旗幟を鮮明にすると予想される。主として都市下層階級の人々の教団で、昔から共稼ぎ率が高かったためだと思われる。世間の人は、新宗教というと一枚岩の集団と錯覚しがちだが、現実には一教団内にもさまざまな意見が共存している。創価学会以外の新宗教の多くで、この十年教団内バックラッシュが生じているようである。

私見では、小泉改革の負の効果だと思われる。新自由主義的政策によって貧富の格差が拡大し、そのしわ寄せが新宗教の大教団の主たる支持基盤である中下層階級を直撃している。この十年、主力部隊である「中年の主婦」に対して、「夫を立てよ（夫に対して下がれ）」と説く教団が増えているようである。「俺は負け組だけれど、充分男らしいのだ」と証明したがる中下層階級の男性（難しい言葉を使うと「補償的男性性」を求める男性）が増加中なのだろう。そして、「男の人は外では大変なのだから、内では女の人が立ててあげなくては」と考える主婦との間に交渉が成立するのだろう。改革のしわ寄せは、常に社会の「弱者の中の弱者」に向かうのである。

それでは、どうして仏教系の新宗教より神道系の新宗教のほうが、概して教団内バックラッシュが盛んなのだろうか。それは、仏教やキリスト教と異なり、神道が明確な教義をもたない宗教伝統であることと深く関係していると思われる。バックラッシュの背後にはジェンダー・イデオロギーがあり、ジェンダー・イデオロギーの中核には「性別特性論」（男女は生まれつき異なる特性をもつという発想＝詳しくは後述）が存在する。教団をジェンダーフリーにするためには、性別特性論を解体する必要がある。明確な教義のある宗教伝統ならば、性別特性論を解体するには、教義解釈を変更すればよい。しかし、神道には明確な教義がないので、性別特性論も、教義的な裏づけのない、理屈抜きの「素朴な」性別特性論であり、かえって論破することや解体することが難しいのである。

第5章は、前記のような神道界のバックラッシュに対する牽制球でもある。近代日本の宗教界に与えた影響力という点では、大本（神道系新宗教）の聖師・出口王仁三郎は、天理教（神道系新宗教）の教祖・中山みきと並ぶ大きな存在だろう。「神道界の任侠」を自称していた出口王仁三郎のジェンダー観は、神道流の素朴な性別特性論を出発点としながらも、現在の神道界のバックラッシュとはまるで異なる、「性の越境」願望、「女性化」願望を含むものであった。出口王仁三郎のジェンダー観は、近代よりもむしろ彼が自己形成した時代である近世の伝統を受け継いだものだと考えられるが、ポストモダン状況のなかで十分に現代的可能性をもつと考えられる。

ところで、最近「神道政治連盟」の公式ホームページを参照していたら、おもしろい性別特性論に出会った。例によって、怪しげな脳科学の知見を引用して、「男女には生まれながらの異なった特性がある」という議論を展開するのだが、メタファーがおもしろい。男児は「薄いブルー」、女児は「薄いピンク」の色で生まれてくる、というのである。ジェンダーをトイレのメタファーで説明するのも下世話な話だと思うが、それはさておき、「薄い」という限定を性別特性論に付け加えて一歩後退した点が注目される。明確な教義伝統をもたない日本の神道の性別特性論は、理屈抜きの「素朴な性別特性論」であるが、このご時世ではさらに「薄い」という限定を付け加えないと、保守派にすら説得力をもたないのだろう。やはり、ジェンダーフリー派とバックラッシュ派の論戦は、長い目で見れば、じりじりと前者が後者を追いつめつつあるのだと思われる。いまの日本の若い世代は、シングル・インカムで家庭を維持するのはもはや難しい、と最初から自覚しているので、「男は仕事、女は家庭」という性別役割分業をあまり支持しないのである。

第5章▼神道界の任侠の女性化願望

——神道文化と男性性

キーワード………宗教と男性性／大本聖師／トランスジェンダー志向／女性美の賛美／ナルシシズム

1　大衆消費社会とナルシシズムの可能性

本章の目的は、「宗教と男性性」という問題意識にもとづいて、近代日本の宗教界に大きな影響を与えた神道系の新宗教である大本の聖師であった出口王仁三郎（一八七一―一九四八）の思想と行動を再検討し、彼に「トランスジェンダー志向」があったことを示唆し、さらに、その現代的可能性を検討することにある。大本の教義において「男体女霊」の「変性女子」と自己規定した王仁三郎は、時として女装パフォーマンスをおこない、天皇制国家の記紀神話を読み替えてみずからを「泣く贖罪者のスサノオ」に同定した。そして軍国主義下で「母性賛美」の要素が希薄な「女性美の賛美」である女性賛美の教説を説き、「女性は全員美人である」（「男性は美しい女性の玩具である」）と説いた。彼の女性賛美には、ナルシシズムが感じられる。彼は、トランスジェンダー志向とナルシシズムによって軍国主義下のジェンダー秩序に回収されることにある程度は歯止めをかけていたと考えられ、そうした戦略の現代的な意義を検討する。最後に、王仁三郎が体現していた神道文化における男性から女性へのトランスジェンダーの伝統を国際比較の観点から考察することを試みる。

2　なぜいま、大本聖師のトランスジェンダー志向なのか

なぜいま、大本のジェンダー（社会的文化的性差）についての教説を再検討するのか。神道系新宗教の大本（一八九二―）は、現在では約十七万人（二〇〇二年時点・公称）の信者しかもたない、新宗教としては中規模の教団である。大本の本体は現在では中規模教団であるが、大本の強い影響を受けて成立した生長の家や世界救世教などの教団、さらにはその強い影響を受けて成立した多くの新新宗教（一九七〇年代以降に教勢の拡大をみた新宗教）をトータルして考えると、大本が現在の日本の宗教文化に与えた影響は、ひじょうに大きい。

現在、日本の宗教界は、女性の社会進出という時代の不可逆的潮流のなかで、そのジェンダーについての教説を見直すことを迫られている。また、性の自由化というこれまた時代の不可逆的潮流のなかで、ゲイ・レズビアン・トランスセクシュアル（性転換者）・バイセクシュアル（両性愛者）などの「性的マイノリティー」の問題にも対処を迫られている。こうした状況を考慮すれば、現在の日本の宗教文化に大きな影響を与えた大本のジェンダー観を原点に立ち返って再検討することは、十分に意味のある作業である。

大本には二人の「教祖」がいるが、なぜいま、大本の女性「開祖」出口なお（一八三七―一九一八〔天保七年―大正七年〕）ではなく、男性「聖師」出口王仁三郎（一八七一―一九四八〔明治四年―昭和二十三年〕）に焦点を当てるのか。「宗教とジェンダー」に関する研究は、これまで主としてフェミニスト的問題意識をもつ女性研究者によって担われてきたので、「宗教と男性性（Religion and Masculinities）」に関する研究は、日本では、「宗教と女性」というテーマの陰に隠れて研究が遅れているからである。

なぜいま、「聖師のトランスジェンダー志向」に着目するのか。出口王仁三郎についての研究書はすでに数多く出版されているが、彼の宗教家としてのスケールの大きさをフォローすることに追われ、私がトランスジェンダー志向と呼ぶ側面に焦点を当てた研究はまだ存在しない。「トランスジェンダー」という概念自体が、日本では一九九〇年代後半になって初めて一般社会に普及したものであるということも、こうした研究が不在である大きな理由だろう。

なぜいま、「トランスジェンダー志向（transgenderism）を再考する」のか。本章では、トランスジェンダー（transgender・TG）という概念を極めて広く解釈し、自分の生物学的性別とは異なる性のジェンダーに自己同一化すること、またはそういう人物と定義する。トランスヴェスタイト（異性装）・トランスジェンダー・トランスセクシュアルの順に性転換志向が強くなる、という説もあるが、これらのカテゴリー化は便宜的なもので、現実には明確な境界は定めにくい［伏見 1997］。王仁三郎の場合、男性として普段は「神道界の任侠」を自称し、完全に異性愛男性として通用し、出口なおの長女・出口すみという女性と結婚し（なおの婿養子となり）、子どもも設けており、けっして常時トランスジェンダーであったわけではないので、トランスジェンダーではなくトランスジェンダー「志向」という用語を適用する。生物学的男性のトランスジェンダーに対しては、現在のフェミニズムは多くの批判を突きつけている。「男性のステレオタイプ化された女性像を女性に押しつけることによって、女性を抑圧している」「結果的に性別二元制社会を強化している」というのが、フェミニストによる主たる批判点である［蔦森 1993］。性別二元制社会とは、人間の性は本来なだらかなグラデュエーションを成しているにもかかわらず、それを「男性か女性か」という二極に押し込めようとする社会のことである。

　私は、男性のトランスジェンダーに対するフェミニストからのこうした批判をある一定は理解しつつも、一面的だと考えている。確かに、もし性別二元制社会が完全に解体され、男女平等が社会で完全に実現されているならば、フェミニストのこの批判は完全に妥当する。しかし現代日本では、性別二元制社会は、とくに一九八〇年代以降、大きく緩みはじめたとはいえ、依然として健在であり、女性差別も若干は緩和されたとはいえ、厳然と存在する。一九九九年の男女共同参画社会基本法のもと、国家は「ジェンダーフリー」というキャンペーンをおこなっているが、いまでもほとんどの日本人が、「（生まれつきの）男らしさ・女らしさ」について少なくとも「近世の陰陽論」[1]にまでさかのぼれる一定の漠然としたイメージ、「素朴な性別特性論」を共有しているだろう。

こうした状況下では、男性のトランスジェンダーには、性別二元制社会・男性中心社会において、オルタナティヴな男性性のモデルを提供できるという利点がある。つまり、フェミニズムのなかの、バトラーの議論に典型が見られるようなエリート主義的・理想主義的な理論においては確かに批判されても仕方ないが、一般大衆の現実の作戦としては、男性のトランスジェンダーは男女平等社会に向けての戦略的意味をもつ、と考えるのである［Butler 1990(1999)］。私は、トランスジェンダー戦略を批判するフェミニスト、とくに「平等派」（男女にまったく差はないとするフェミニスト）と呼ばれる人たちは、「戦うべき敵の底力を甘く見ている」と思うのである。(2)「素朴な性別特性論」を共有する一般大衆からは、フェミニスト「平等派」は、「男女に違いはない」と主張しても、「でもやはり生まれつきの男らしさ・女らしさもあると思う」「そういうフェミニストもやはり女らしいじゃない」と理屈抜きに反駁されてしまうことが少なくないのである。

3　変性女子説とは

この節では、大本における「聖師」出口王仁三郎の基本的な位置づけである「変性女子」説を、大本教学研鑽所のご教示に沿って、簡単に説明しておきたい。この用語は大本で聖典とされる

『霊界物語』（八十一巻、八十三冊・なおの死後、大正十年から王仁三郎の口述したもの）中、その第一巻「発端」から全巻にわたって、開祖、聖師の両教祖を指す意味で頻繁に使用されており、そのなかで一カ所のみ指摘することは不適当と思われるので、ここでは若干の説明をもってかえたい。とくに、肉体が女性で、霊性としては男の霊魂が宿るということ（「変性男子」）、また肉体が男性で、霊性としては女の霊魂が宿るということ（「変性女子」）の意味について説明しておく。

大本では、こうした霊と肉体の組み合わせは、肉体が女性あるいは男性であるために生じる欠陥を、男性の知的で雄渾な霊魂を柔和で繊細な女性の肉体に、また女性の情的で繊細な霊魂を強靭な男性の肉体に宿らせることで補い、人としてより完全な調和体をとらせるためとされている。「開祖」出口なおは「女体男霊」であり、「聖師」出口王仁三郎は「男体女霊」であるとされる。以上が大本教学研鑽所による説明の概略である。

王仁三郎のトランスジェンダー志向に焦点を当てる本章の観点からは、「変性男子・変性女子」説が、全面的に近世の陰陽論のコスモロジーにもとづいて組み立てられており、そのジェンダー論も陰陽論のコスモロジーに完全に組み込まれていることが注目される。いわば、「変性男子・変性女子」説は、前近代的な性質のものだったのである。王仁三郎が「男体女霊」の「変性女子」と規定された（自己規定した）ことは、彼のトランスジェンダー志向に決定的な影響を与えているように思われる。

4　泣く贖罪者のスサノオ

この節では、王仁三郎が、当時の国家体制であった天皇制のカルトや、シャーマンであった「開祖」出口なおとの葛藤を通じて、国家神道の記紀神話を読み替えてつくった「救世主」である素戔嗚尊の神話を、松本健一の要約に沿って簡単に見ておきたい(3)。

王仁三郎の神格は、鬼門の艮（うしとら）の金神（こんじん）ではなく、裏鬼門の坤（ひつじさる）の金神ということになっている。艮の金神（なお）＝厳（いづ）の御霊＝変性男子に対する、坤の金神（王仁三郎）＝瑞（みず）の御霊＝変性女子である。この関係は、現在になってみれば、きわめて安定した二位一体をかたちづくっているが、なおの艮の金神の教義からすれば、王仁三郎が坤の金神であるのは、金神の世界をつくる（立て直し）ための手段にちがい。ところが、王仁三郎のほうからすれば、両者は対等で、むしろ坤の金神の地位が低く貶められていることが、間違いである。そして、この両者の誤った関係が、日本の「歴史」における天照大神と素戔嗚尊の関係に相似的である、とみたのだ。

王仁三郎が素戔嗚尊の御霊であり、それこそが「誠の世の救い主」であることを証明するためには、高天原で乱暴を働いて地上に逐われたというスサノオの冤罪をはらしてやらなければならない。これは『古事記』や『日本書紀』に記され、日本神話として定着している「歴史」を、読み替えるという作業を必要とする。『古事記』にはただ「汝命（いましみこと）は、海原を知らせ」とあるだけだが、王仁三郎は、スサノオは地上の支配を命じられた、と理解する。[4] そして王仁三郎は、スサノオは地上において「国津神」から裏切られた神だ、というふうに解釈する。そしてそこに、地上で裏切られ、東北や西南の鬼門に押し込められた大本の神との二重写しをみる、という彼の独創が生じるのだ。

スサノオはわれわれの先祖である「八百万の国津神」の「許許多久（ここたく）の罪」を一身に引き受けて立った救世主なのだ、という王仁三郎の考えには、この世の人間の罪を背負って十字架にかかったイエスのイメージがあるのだろう。[5] ともかく、王仁三郎は『古事記』などに描かれるスサノオの所業、荒ぶる神の行状を事実として認めながらも、その事実の解読や意味づけにおいて独創性を発揮しているのだ。しかし、救世主の努力にもかかわらず、「八百万の神」たちは誰も「悔い改め」ようとしない。逆におごりたかぶるばかりである。

万策尽き果てた、と表面は男でありながらその本来の性において女である（変性女子の）スサノオは、父神イザナギにむかって女々しく泣くのである。王仁三郎の描くスサノオは、じつに人間くさい。彼は「救世主」として、この世の人々の罪を一身に背負いながらも、もう忍耐の限度も超えた、と投げ出してしまうのである。王仁三郎は、荒ぶる神といわれているスサノオこそ

「神の道」を守らんとし、またそうすることが叶わないために深い悲しみの心を抱いたのだった、と想像するのである。こういったスサノオ像は、おそらく誰も描いたことがない。

スサノオは『古事記』と同じく姉のアマテラスのもとへ行き、自身の真情を述べるが、「健（たけ）くけわしい」心根のアマテラスには理解されず、そのことに怒り狂って高天原で犯した罪の罰を受けるが、これは彼が「天津罪（あまつつみ）」を一身に背負ったことを意味する、と王仁三郎は解釈するのだ。スサノオはかつて国津罪を一身に背負い、いままた天津罪を贖わんとするのである。アマテラスを正統としてきた日本「史」は、ここにスサノオを正統と「読み替え」る王仁三郎によって、新たな貌をみせた。

この「読み替え」の根底には、天皇制のカルトとの葛藤だけでなく、大本内部における、厳張（いづ）の御霊（アマテラス）＝なおに対する瑞（みず）の御霊（スサノオ）＝王仁三郎の自己主張（闘い）があった。なおは、みずからがアマテラスの御霊であり、彼女が「二度目の世の立替」すなわち「二度目の天の岩戸開き」をすると考えた。ところが、王仁三郎は「天地の罪人の救い主」であるスサノオが世界を救う、というのだ。この対立は、王仁三郎がなおのではない、王仁三郎自身の「大本教」を独創するために不可欠な日本「歴史」の読み替えなのであった。そして、その読み替えを通して、「瑞の御霊」である彼がスサノオの再臨であり、「あまねく世界を救わん」としていることをみずから宣言しようとしたのである。

王仁三郎のトランスジェンダー志向に焦点を当てる本章の観点からは、記紀神話の「荒ぶる神」スサノオを、「変性女子」として読み替え、雄々しいどころか「女々しく泣く」神として描いていること、「能動的な」社会改革者ではなく、イエスを思わせる「受動的な」贖罪者として描いていることが注目される。このことは、王仁三郎のトランスジェンダー志向をよく表しているように思われる。

5　女性賛美とナルシシズム

この節では、まず王仁三郎がおこなった「女装」パフォーマンスを紹介・分析する。そして、彼が公式教義のレベルでは当時の時代風潮・国家の政策に沿ったジェンダー倫理・家族倫理を多く説きながらも、同時にそれに反するような教えも説いており、彼の頻繁な女性賛美（母性賛美ではない）が、彼のトランスジェンダー志向とナルシシズムにもとづいているという側面があったことを見る。さらに、彼の女性賛美が軍国主義に向かう国家のジェンダー秩序から逸脱していた側面もあることを見る。

王仁三郎は、女装した姿を信者に見せることがあった。さらには、映画によって一般市民の目に晒したこともあった。大本教学研鑽所のご教示によれば、王仁三郎が女装したことはめったにないが、一九一六（大正五）年の「神島開き」のさいに女装（正確には女神の姿）している。ちなみに、この「神島開き」の行事は、現在の大本で重視されている教団史上の出来事である。これは、神代の昔に退隠し、世を陰から守護してきたとされる国常立尊（大地の主宰神）の妻神、豊雲野尊が退隠していたとされる「神島」（播州・高砂沖）に出向き、その妻神の霊を綾部にお迎えしたときの神事でのことだった。そのさい、聖師は退隠されていた妻神の姿に扮している。そのほかにも若干だが、女性の霊性をもつほかの女神の姿に扮したことがあり、それらが今日も写真として残り、いろいろな本にも掲載されている。また、出口すみ（王仁三郎の後の妻・大本二代目教主）が王仁三郎に初めて茶屋で出会ったとき（王仁三郎が出口なおに出会うきっかけとなったとき）にも、すでに王仁三郎は当時は女性専用のファッションであった「お歯黒」を入れていた［出口京太郎 1967］。

私は、王仁三郎の女装はけっして余興ではなく、彼の「男体女霊」の「変性女子」という彼の自己認識に深く根ざしたものだった、と考えている。一九二四（大正十三）年に理想社会の建設を夢見て蒙古に海外飛翔したさいにも、西王母の衣装を日本から後生大事にもってきているからである。(6) 西王母の衣装とは、能楽「西王母」の主役が身にまとう衣装のことである。桃の実をもって現れる西王母という女の神さまの物語で、この神さまは支那古典にでてくる救世主である。女装は、余興どころか彼のいわば法衣に近いものだったと考えられる。(7)

王仁三郎の女装パフォーマンスは、日本の神道文化の伝統のうえに、彼の芝居好きが加わったものだろう。日本の神道文化には、古代から、神に仕える時には男性が女装するという伝統があったし、地域によってはいまなお女装の習慣が残っている［下川ほか 1994］。また、多芸多才な王仁三郎は芝居好きであった［出口京太郎、同上］。出口京太郎は、王仁三郎は時、所、位に応じてずいぶんと多くのスタイルや服装に変化しているので、王仁三郎の写真集を見ると、なんだか役者のアルバムをみるような心持ちにさえなる、と述べている。(8) 色白柔肌の美男子であったので、王仁三郎の「女装」写真はたいへん「見栄え」がしている。このことは、「変性女子」である彼に強いナルシシズムを抱かせたと考えられる。

次に、王仁三郎が説いた家族倫理を、「出口王仁三郎全集」［1998-1999］に即して検討してみよう。

表面的に見ただけでは、彼は当時の時代風潮に歩調を合わせて、明治中期から勃興しはじめた「近代家族」の家族倫理を説いていたように見える。「男女同権」と題された文章では、「男女同権は神の定めたまうた規則である」（「女が先に湯に入ってわるいという理由がどこにあるのか」）ときちんと説きながら、同時に「むろん夫婦となった男女は針と糸との道理、すべて夫をさきにすべきは申すまでもない」と「夫唱婦随」を説いている。

近世的な陰陽論に加えて、近代的な性別特性論の影響が感じられる教えも説いている。(9)「女は取り越し苦労がすき」「女の特質は毀誉褒貶に動かされやすい」「虚栄心が非常に強い」と、「女性の特性」らしきものを述べている。また、「結婚する男女の年齢は、十違うのがもっとも理想的である。なぜかといえば、男は三十歳にして霊肉ともに完成し、女は二十歳にして完成するものであるから、完成したもの同士の結合がいちばんよいのである」と、近世にはなかった近代的な「異年齢婚」を説いてもいる。このように見ていくと、一見彼は、時代の風潮・国家の政策に歩調を合わせた家族倫理を説いていたように見える。

しかしながら、王仁三郎の家族倫理には、時代の風潮・国家の政策をはみ出す、のみならずときにはそれに相反することもある教えを説いている。それは、彼の頻繁な「女性賛美」、それも「母性賛美」ではなく「女性の美に対する賛美」である。彼の説教には、女性の美を礼賛し、女性に「いつまでも美しく装おう」ことを求める文章がひじょうに多い。典型的な例を挙げよう。

神は天地を造り、樹草を生み、つぎに一人の女を造ったという。（略）天も地も何として美しい事よ、神様、私の為に能くもこんなまあ清らかな住所を造って下さいました、と云って涙ぐましくなるほど神さまに感謝を捧げて居たが、忽ち躍り上がって叫んだ。それは、その傍なる沼の清らかな水に映じた自分の艶麗な姿を見たからだ。（略）女は神様に向かって、神様よ、私の機嫌の好い時には、夫れぞれの役目を尽くしてくれますが、一寸小言を言ふと、直ぐに逃げ去るようなものは要りませんぬ。私が怒れば宥めて呉れ、泣けば慰めて呉れ、疲るるばいたわって呉れ、どんな無理難題を云っても悦んで聞いて呉れ、私の言う事為る事を真似て呉れ、一生私の玩具《おもちゃ》となって私を養って呉れ、守護してくれて、假令私が嬲り殺しにしようとも、満足して死んでくれるものを造って頂き度い、と願ったので、神様は女の頤使《いし》に甘んずる、そして玩具となる男と云うものを造ってやられた。

この文章は、十五年戦争直前の一九二九（昭和四）年に、「明光」という短歌を奨励する女性読者用の雑誌に発表されたものである〔出口王仁三郎のユーモア 出口王仁三郎 1977〕。聖典『霊界物語』とは矛盾する「戯作」として発表されたものであり、王仁三郎のユーモアとしても、国家が急速に軍国主義体制に傾いていく状況のなかで、「男性は美しい女性のために作られた玩具である」とはずいぶん思い切った発言である。一九三三（昭和八）年にも「女は神の傑作」という女性美を讃える文章があり、女性美礼賛の文章は枚挙に暇がない。もちろん、王仁三郎の女性美礼賛の背景には、優れた芸術家でもあった彼の「芸術は宗教の母である」という思想が想定できる。しかしながらそれ以上に、松本健一も指摘していることだが、王仁三郎の女性美礼賛の背景には、先に述べた彼の「変性女子」としての「ナルシシズム」が感じられるのである[10]。

王仁三郎が描く（語る）女性賛美は、女性それ自身がみずからの美しさを賞でるというナルシスティックなかたちをとっているが〔熊田注――右に引用した文章を指す〕、それが同時に自然賛美であり、また瑞（みず）の霊（みたま）、つまり「変性女子」の自己肯定になっているところがミソである。王仁三郎には本質的に女性でありたかったという倒錯的な感情さえあるように思われる。髪を長くのばした（それゆえ大本は「長髪賊」ともよばれた）り、女装（坤の金神の扮装などはまさに女装である）をしたり、また彼のスサノオ像なども手弱女といった形容がふさわしいことからも、かれには女性への本質的憧れが根底にあると思われる。(11)

当時の大本信者が髪を長くのばした背景には、「髪は神に通じる」という王仁三郎の発想（言霊思想）もあるだろう。この点を若干差し引いたうえで、私は、松本のこの分析に大筋においては賛成する。しかしながら、次の二点で私は松本と見解を決定的に異にする。まず私は、王仁三郎の「本質的に女性でありたかったという感情」を少しも「倒錯的」とは思わない。性の自由化が進んだ二〇〇二年時点で、私はそれを、少しも「病理的」ではない男性の「トランスジェンダー志向」と呼びたい。次に、松本は王仁三郎の「本質的に女性でありたかったという感情」の背後に、「日本社会の根底にある女性原理」を想定しているが、私はその考えに賛成しない。

松本は、日本にあっては、その社会は「米＝自然＝女性＝生む（産む）力」という連環のそこから力を奪って成立するものが「国家＝文化＝男性」である、という構造になっているという。(12) 松本は、ジェンダー論ではなく自分の農本主義的ナショナリズム論に引きつけて王仁三郎を分析しているので、こういう解釈をしたのだろう。しかし、ジェンダー論から王仁三郎を分析する私としては、彼の女性賛美があくまで「女性美の賛美」であり、けっして松本が言うような「生む（産む）力」つまり「母性」の賛美ではなかったことに注意をうながしたいのである。

確かに、王仁三郎の女性賛美のなかには、「女としてのいちばん美しいものは愛児に乳房を含ませたときである」という表現も存在する。しかしそれは、女性の曲線美・美貌・柔肌・頭髪・襟首・化粧・装いの美しさに対する礼賛の嵐の前には、完全にかすんでしまう程度のものである。私の考えでは、王仁三郎の女性賛美が基本的に「女性美の賛美」であり「母性賛美」ではなかった、ということは、時代背景を考えると、ひじょうに重要なポイントである。彼の説く女性向けの家族倫理が、国家の説く「良妻賢母」と表現の異なる「賢妻良母」であったことも、王仁三郎が国家ほどには母性を重視せず、むしろ夫婦関係を重視していたことの現れである。[13] 王仁三郎は、子育てに関しては、親があまり干渉しないで子どもの自然成長に任せる放任主義の教育をしばしば説いていた。

近藤が指摘しているように、日本社会では一九三〇年代に「母性」論が浮上している。[14] 日本は一九三一（昭和六）年にいわゆる「十五年戦争」に突入するわけであるが、それはある意味で日本社会の危機に当たっていた。世界大恐慌による社会の疲弊に伴う伝統的な「家」の解体期であったがゆえに、実態のない「家」意識が強調され、それを結合するものとして母と子のきずなを支えとして、「母」の観念が十五年戦争下での、「家」の思想の軸として浮上したというのである。もともと母性は近代家族のもとで出てきた概念であるが、日本で母性が大きな問題となったのは、一九一八（大正七）年から翌年にかけておこなわれた有名な「母性保護論争」である。この論争に関わったフェミニストたちの母性論もやがて、国家の母にからめとられ、戦争協力へと突き進んでいった。高群逸枝の「大御心は母心」という発言のように。

フェミニストも含め、国家全体が、銃後を守る「軍国の妻」礼賛と「母性賛美」に流れていった状況下で、王仁三郎がそこから超然としていたのは、大したものだと私は考えている。王仁三郎がそういうスタンスを貫いた理由としては、一九二一（大正十）年における第一次大本弾圧事件の苦い経験もあって、天皇制のカルトに対して、表面上はある程度の妥協をしつつも、内心ではある程度はもう醒めていたことが考えられる。大正から昭和前期における大本の天皇制のカルトに対する、迎合と逸脱という両義的で複雑な姿勢については、広瀬による優れた分析がある［広瀬 2001］。一九三一（昭和六）年の日本宗教平和会議（世界宗教平和会議の予備会議）においても、大本教は神道側の天皇による聖戦・正義のための戦争という考えを批判し、戦争の罪悪性、ミリタリズムの放逐、宇宙の根源神の下での平和主義を訴えている［宗教法人大本 1967］。

しかし、平和主義という方針以外の要因として、ジェンダーに関する明確な思想・信条があったがゆえにそういう態度をとったとは考えにくく、むしろ彼の「変性女子」としてのナルシシズムと「女性に対する共感共苦の能力の高さ」がそういうスタンスをとらしめたのだと考えられる。いわば、宗教的な平和主義の理念に加えて、王仁三郎のナルシシズムと「女性に対する共感共苦の能力の高さ」が大本信者の軍国主義下のジェンダー秩序への回収をある程度までは食い止めていた側面があるのである。

最後に、第1節で取り上げた、現在のフェミニストからの「男性のトランスジェンダー志向」

に対する批判が、王仁三郎の場合に当てはまるかどうかを見ておく。フェミニストからの批判のポイントは、「男性のステレオタイプな女性像を押しつけ、女性を抑圧している」「結果的に性別二元制社会を強化している」というものであった。後半部分については、すでに第1節で論駁してある。問題は批判の前半部分だが、もし王仁三郎の女性美に対する賛美が、「美しくない女性」を貶める性質のものであったならば、この批判は妥当し、王仁三郎は性差別主義者の誹りを免れないことになるが、実際にはそうではない。彼は、「美人さまざま」と題された一九二八（昭和三）年の文章で、「世間は美女ばかりで醜婦はひとりもないようである」「今は女を総括して美人とたたえるより道はないと思う」と述べている。私は、王仁三郎のこうしたいわば「女性博愛主義」に対して、「ナルシシズムも徹底すれば博愛主義に突き抜ける」という印象をもっている。

成人のナルシシズムに対して否定的な評価を下したのはフロイトであったが、ナルシシズムに対するフロイトの評価は確実に片寄っていて、その後の対象関係論などで修正されている。美的享受がもたらす快楽を良き生活にとって必要なものとして再評価することと、ナルシシズムの見直しは確かに関連している。王仁三郎は、一九三五（昭和十）年の第二次大本弾圧事件の直前には「女性美礼賛」を頻繁におこなっていたものの、一九四二（昭和十七）年の釈放後は「芸術生活」に関心の中心をシフトさせた。体力の衰えに加えて、老年期を迎え「自分はもう美しくない」という自意識が働いたのかもしれない。

6　出口王仁三郎の現代的可能性

前節まででわれわれは、王仁三郎のジェンダー観が、公式教義のレベルでは近代的な男女同権論・一夫一婦制をベースにしながらも、近世的な陰陽論および近代的な性別特性論の影響のうかがわれる教え・異年齢婚・夫唱婦随を説くものであったことを見た。しかし、日常の説教のなかでは、十五年戦争直前の国家全体が軍国主義体制に急速に傾斜していく状況のなかで、「すべての女性は美しい」「男性は美しい女性のために作られた玩具である」と、富国強兵のために「銃後の妻」「母性（軍国の母）賛美」という「良妻賢母」主義を説く国家のジェンダー秩序から逸脱する側面をもつ教えを説いていたことを見た。

5節で検討したように、こうした国家のジェンダー秩序から逸脱するような教義は、「ジェンダーに関する明確な思想信条」にもとづくものというよりも、彼のトランスジェンダー志向にもとづく、ナルシシズムを原動力にした「女性に対する共感共苦の能力の高さ」によるものだったと考えられる。「ジェンダーに関する明確な思想信条」が欠けていたからといって、私にそのことで王仁三郎を批判する気は毛頭ない。そもそも、彼が生きていた時代には、「ジェンダー」という概念すら存在しなかったのだから、これは当然のことである。批判どころか、私は王仁三郎の「女性に対する共感共苦の能力の高さ」と「国家に抵抗する勇気」に、感嘆の念を禁じ得ないのである。

現在の日本でもなお、ナルシシズムは悪いものとされる傾向はあるが、軍国主義を食い止める拠点のひとつとなるものならば、ナルシシズムもまたいいものではないか。近現代の日本の大衆文化では、最近はやや違った傾向も出てきているが、男性（少年）向けのマンガは「戦いごっこ」・女性（少女）向けのマンガは「恋愛もの」を基本としている。しかし現代日本では、「少年マンガよりも（美男美女が主たる登場人物である）少女マンガを好む」少年（男性）が少なからず存在する。こうした少年（男性）には、ナルシストの側面があるのかもしれない。しかし、少女マンガを愛読することによって、彼らが軍国主義の戦後版である「経済戦士」という「男らしさの病」から免れているのだとしたら、この場合はナルシシズムをむしろ評価すべきだろう。

女性の社会進出が不可逆的に進行する二〇〇〇年代の日本社会において、大本聖師のジェンダー論に関する可能性の中心は、けっして同時代の社会の風潮に歩を一にした部分にあるのではなく、それを「はみ出した」教えにこそある、と私は考える。近代的な性別特性論の影響のうかがわれる要素・夫唱婦随・異年齢婚は、もはや時代遅れである、と言わざるをえない。しかしながら、第2節で見たように、「素朴な性別特性論」は、依然として日本人の心の深層に生き続けている。そういう状況下では、男性のトランスジェンダー志向にもとづく、ナルシシズムを原動力とした「女性に対する共感共苦の能力の高さ」は、フェミニズムのなかのエリート主義的・理想主義的な勢力に理論的に批判されたとしても、依然として一般大衆の現実戦略としては有効である、と考えられる。

また、一八七一（明治四）年に京都の丹波という土着の民俗文化の息づく地方において育ち、明治後半に輸入された西欧近代のセクシュアリティ観の影響を受ける以前に自己形成をとげた王仁三郎は、〈性〉に関して極めておおらかな考えをもっており、日常では「下ネタ」の冗談を口にすることも少なくなかった［出口京太郎、同上］。王仁三郎が育った環境では、「同性愛」（当時はこういう概念すら存在しなかったから、「同性間性行為」と言ったほうが適切だろうが）はめずらしくもなかったはずである。もし彼が現代日本において不可逆的に信仰する性の自由化を見たら、間違いなく「性的マイノリティー」を擁護し、「何も問題あらへん」と言うはずだ、と私は考えている。

現在の大本は、男女平等観に立ったうえで、素朴な性別特性論をもった「夫唱婦随」の家族倫理を説き、「性的マイノリティー」の問題に関しては「これまで教団としてとりあげてこなかった問題であるので、現時点での回答はさしひかえる」ということである（大本教学研鑽所の二〇〇二年八月におけるご教示による）。冒頭に述べたように、大本の強い影響を受けた新宗教（新新宗教）は、現代日本の宗教界で一大勢力を成すに至っている。しかしながら、「女性に対する共感共苦の能力の高さ」「〈性〉に関するおおらかさ」という、「ジェンダー／セクシュアリティ」

についての王仁三郎の可能性の中心が、これらの新宗教に必ずしも生かされていないのは、ひじょうに残念なことである。

7　神道文化におけるトランスジェンダーの伝統

最後に、私の守備範囲を大きく超えるが、王仁三郎が体現していた神道文化における男性から女性へのトランスジェンダー（もしくはトランスジェンダー「志向」）の伝統を国際比較の観点からも言及しておきたい。第5節で検討したように、王仁三郎の女装は日本の神道文化の伝統に彼の芝居好きが加わったものだと考えられる。

ユダヤ＝キリスト教の伝統が根強い文化圏から日本を訪問した人が、日本のテレビ番組を見て、生物学的男性が女装して出演している姿（いわゆる「おかま」）の露出度の高さに驚くというのは、よく耳にする話である。これは私の分析能力を超えた大きな問題であるが、ユダヤ＝キリスト教の伝統には、「トランスフォビア」（トランス嫌悪）の伝統が含まれているのかもしれない。ユダヤ教は、広義のトランスジェンダーはもちろん、異性装ですら原則として禁止している。イスラエルでは、女性の軍服ですら問題視する勢力があるぐらいである。カトリックは、同性愛だけでなく狭い意味でのトランスジェンダー（本章の定義ではトランスセクシュアル・性転換）を否定している。一方ヒンドゥー文化には、中世以来神に仕える男性が女装するという伝統があり、ラーマクリシュナはその伝統を体現していた。「インド独立の父」ガンジーの非暴力主義をそうしたＭＴＦ・ＴＧの伝統の延長線上でとらえることも可能である［Krishnaswamy 1998］。

また、日本においては、男性から女性へのトランスジェンダー（ＭＴＦ・ＴＧ、いわゆる「おかま」）は社会的に一定の認知を得ている反面、女性から男性へのトランスジェンダー（ＦＴＭ・ＴＧ、いわゆる「おなべ」）は、メディアに登場することも滅多になく、「おかま」に比べて社会的認知を得ていないように思われる。おすぎとピーコのように、「おかま」の同性愛者が異性愛者に恋愛を指南するテレビ番組は存在するが、「おなべ」にはそのような社会的認知がまだ存在しないように思われる。「おかま」に比べて「おなべ」の社会的認知度が低いことは、日本社会における女性差別の根強さ、およびＦＴＭ・ＴＧを正当化できる宗教伝統の欠如と関係しているだろう。

本章の守備範囲を大きく超えるテーマであるが、世界の宗教文化伝統の「宗教とジェンダー」に関する問題のなかに、日本の神道文化における男性から女性へのトランスジェンダー、もしくはトランスジェンダー「志向」の伝統を位置づけなおすという大きな作業も今後は必要となるだろう。

注

（1）本章でいう「性別特性論」（性別本性論）とは、生まれつき男女がそれぞれ異なった性質・特徴・能力を有している、という議論である。この議論は、ジェンダー・イデオロギーの中心的な要素のひとつであり、現代日本を含めて多くの社会で広範に存在しているものである。
（2）フェミニスト「平等派」の反対概念は、フェミニスト「差異派」である。「差異派」のフェミニストは、女性には固有の美点があり、それを生かしたうえでの男女平等を主張する。私は、エリート主義的な理論のうえではともかく、一般大衆の現実戦略としては「差異派」の「戦略的本質主義」（戦略的に「女らしさ」の本質があると仮定する立場）のほうが、男性に逆用される危険はあるものの、相対的には有効だと考えており、本章もその立場に立つ。
（3）松本健一『出口王仁三郎――屹立するカリスマ』リブロポート、一九八六年、一一四―一一六ページ
（4）ただし、この「スサノオ＝地上の支配者」という解釈だけなら先例があり、王仁三郎もそれらの先例を参照していた［松本、同上］。
（5）王仁三郎は、古今東西の宗教について深い知識を有していた（出口京太郎『巨人出口王仁三郎』講談社、一九六七年）。
（6）出口京太郎、同上、二六一ページ
（7）王仁三郎は「万教同根」の思想を説いていたので、日本人でありながら中国の救世主の衣装を持参することには何の矛盾もない。
（8）出口京太郎、同上、三一二―三一三ページ
（9）近代的性別特性論が一般社会に普及したのは、日本では大正のころである［細谷 2001］。

（10）松本健一、同上、二一五―二二三ページ
（11）松本、同上、二二一―二二三ページ
（12）松本、同上、二一八―二一九ページ
（13）「良妻賢母」という言葉は、明治三十年代半ばまでには、世間一般にかなり普及していた［秋枝 1995］。
（14）近藤和子「女と戦争――母性／家族／国家」奥田暁子編『女と男の時空5・闘ぎ合う女と男――近代』所収、藤原書店、一九九五年、四八二―四八九ページ

ノート——Ⅵ

巨人の星・あしたのジョー・妖怪人間べム

星一徹コンプレックス

団塊の世代の男性の父性観について、「星一徹コンプレックス」という概念を提出する。「人種／ジェンダー／精神分析」という問題意識から、高度経済成長期に一世を風靡した国民的スポ根アニメ『巨人の星』を再考してみたいのである。

日本における精神分析の草分け・古沢平作は、フロイトの考えたエディプス・コンプレックス（父と子の葛藤と和解の物語）に対抗して、日本人の阿闍世コンプレックス（母と子の葛藤と和解の物語）という概念を提出した。日本社会一般でも、いまや「母性社会日本」という表現が一般に広く流布している。しかし、日本人の精神生活においても、当然「父と子の葛藤と和解の物語」は一定の比重を占めていただろう。団塊の世代（一九四七―一九四九年生まれ、高度経済成長を担った世代）の男性には、国民的アニメ「巨人の星」が父子関係の葛藤と和解を考えるさいの強力なモデルになっていたと考えられる。

評論家・江藤淳は、著書『成熟と喪失――〝母〟の崩壊』のなかで、戦後家族の典型として「恥ずかしい父・支配的な母・不甲斐ない息子・（不機嫌な娘・上野千鶴子の追加による）」という類型を提出した［江藤 1978］。しかし、これは文芸評論から導き出された類型論であり、江藤は大衆文化には目配りしていない。社会学者の上野千鶴子は自分の近代家族論において、このDVオヤジ（江藤は妻に対するDV常習者であった）の考えた類型論に依拠しているが、それは、①上野自身が江藤と同様、中上流階級の出身であること、②この類型論を使っておけば、「娘のファザコン」というフェミニズムの理論的難問を回避できること、によるのだろう［上野 1985］。

しかし、そもそも「誰に比べて」「恥ずかしい」父なのだろうか。それは、戦後輸入されたアメリカのホームドラマのなかで「理想化されていた父」に比べてだろう。思うに、団塊の世代の知識人は、みずからのこうしたアメリカ・コンプレックスを強く否認する傾向があるのだ。『巨人の星』の主人公・星飛雄馬の育った家庭は父子家庭であり、姉はいるが、母は不在である。したがって、江藤の考えた戦後家族の類型論にはまったく当てはまらない。団塊の世代の男性性を批判する論客には、星飛雄馬の育った家庭を「典型的なDV家庭」とする人がいる。しかし、話はそんなに単純ではない。有名な「父・星一徹がちゃぶ台をひっくりかえす」シーンは、アニメのエンディングで毎回流されていただけで、アニメ本編では、じつは一度しか登場しないのである。星一徹は、じつは女性には暴力を振るっていない。

『巨人の星』（安保世代の男性である梶原一騎〔原作〕／川崎のぼる〔画〕のマンガ連載は一九六六年から、アニメ放映は一九六八―一九七一年）は、元巨人軍（「軍」という戦争のメタファーが用いられていることに注意）の幻の三塁手星一徹が、わが子飛雄馬に自分の見果てぬ夢を託し、巨人軍のでっかい明星となるよう、投手として育てるストーリーである。父子家庭という設定によって、『巨人の星』は完全に「父と子の葛藤と和解の物語」となっている。父・一徹は、幼いわが子に筋力増強のための「大リーグボール養成ギブス」を装着させる。確かに、これは完全な児童虐待であり、その点では、現在の視点からすれば、父・一徹は間違いなく犯罪者である。それはさておき、ここでは「大リーグボール」というアメリカに対するコンプレックスを丸出しにした名称に注目しておきたい。

父・一徹は、息子の飛雄馬が自分の設定したハードルを乗り越えるたびに、必ずさらに高いハードルを設定し、「試練の道」を設ける。最後に飛雄馬が、巨人軍で完全試合を達成すると同時に投手生命を絶たれるケガをしたとき、はじめて父と子は完全に「和解」し、一徹は飛雄馬をおぶってマウンドから退場させる。飛雄馬には多くのキャラの立ったライバルたちが登場するが、ただ一人の大リーグから来たライバル・オズマは、「スラム街育ちのアフリカ系アメリカ人」という設定である。この設定は、大江健三郎の初期の小説『飼育』と同様、「敵（アメリカ白人）の敵（アメリカ黒人）は味方（良きライバル）」という発想にもとづくものだろう。

このように考えると、高度経済成長期の国民的アニメ『巨人の星』は、日本が敗戦から奇跡的な経済復興に向かう過程での、「人種／ジェンダー／精神分析」の関係を鮮やかに表現していたことがわかる。否認されている強烈なアメリカ・コンプレックスとアメリカ白人に対する憎悪。「父に鍛えられて、息子は（経済戦士という）同じ道で父を越える、そしてアメリカ人に負けない男性にならなければならない」という「父―息子関係」の理想。「思いこんだら試練の道を行くが男のど根性」という「男の意地」。こうした要素は、団塊の世代に意識的にせよ無意識的にせよ、強い影響を与えたと思われる。「オヤジの拳骨があったからこそ、今の自分がある」とは、政治家・石原慎太郎都知事（彼は団塊の世代ではなく、安保世代に属するが）の息子、政治家・石原伸晃の発言である。

現在、こうした団塊の世代の男性たちが、林道義が主張するような「父性の復権」を強く支持して、バックラッシュ（反フェミニズム）の担い手となっているのだろう。

「立て！立つんだジョー！」

マンガ家・浦沢直樹は、現代日本のマンガ界きってのストーリーテラーである。ただし、私としては、彼の描くヒロインの美少女が、どの作品でもいつも同じ顔である点に引っかかるものを感じる。浦沢は、かつての谷崎潤一郎と同様、いつもカテゴリーとしての"The Girl"を描いているのであって、具体的な"A Girl"は描けないのではないだろうか。その点は彼のジェンダー観の限界だと思う。しかし語り部としての側面では、浦沢は手塚治虫以来の屈指の才能であり、その点では私は賞賛を惜しまない。

浦沢は現在、「週刊スピリッツ」に『二〇世紀少年』という近未来ＳＦマンガを連載中である（単行本は現在十九巻まで刊行）［浦沢 2000-2005］。オウム真理教の麻原を切れ者にしたような、「ともだち」と名乗る天才詐欺師のカリスマ「宗教家」が、「癒し」と生物化学兵器を用いた「自作自演」の大規模テロを利用してのし上がり、ついに「世界大統領」に上り詰めて、地球規模の全体主義的政治体制をつくりあげ、子どものころの夢だった「せかいせいふく」を果たすと同時に、さらに子ども時代のもうひとつの夢であった「じんるいめつぼう」計画を着実に推進していく。

そこに、テロですっかり荒廃した日本に「矢吹丈」を名乗るギターを抱えた不思議な男が現れ、歌を唄いながら、次第に『ともだち』ではなくこの男こそ本当のメシアではないか」と思いはじめた人々を結集していく（続刊中）。自称・矢吹丈は、「ともだち」世界大統領の「友軍」の突きつける銃口に対して、「人は、歌っている人間は撃てない」と立ち向かっていくが、やはり容赦なく狙撃されてしまい、倒れる。そこで自称・矢吹が自分のシンパとなった「星」という名前の警官に頼んだ言葉が、「立て！立つんだジョー！と言ってくれ」。そして、そう言われた男は再び立ち上がり、歌いながら旅を続けはじめる。

浦沢直樹のマンガ『二〇世紀少年』のこのエピソードは、私（一九六二年生まれ）にはやはりアピールする。梶原一騎（原作）／ちばてつや（画）のスポーツ根性マンガの古典『あしたのジョー』（マンガ連載は一九六八―七三年、アニメ放映は一九七〇―七一年）は、同じ梶原一騎原作の『巨人の星』はもうギャグマンガとしか思えない私にも、やはりまだアピールするところがある。それは、野球という（日本では）集団主義のスポーツとは対照的な、ボクシングという個人主義のスポーツを題材にしているからだろう。佐藤忠男が早くに指摘していたように、少年〔熊田注――ポストモダン状況下では少女も〕の不安定な心は、常に「理想主義」を求めるのであり、私はそれを全否定はしたくない〔佐藤 1959〕。スポ根ものの全否定は、理想主義の全否定につながってしまうと思う。

もちろん、歴史の教訓が教えるように、「少年（少女）の理想主義」は常に軍国主義や全体主義に回収される危険性と裏腹である。梶原一騎のスポ根もののヒントとなったのは昭和初期の百万部雑誌「少年倶楽部」だが、少年倶楽部は「戦犯」と言われても仕方のない雑誌だった。よど号ハイジャック事件の犯人たちが、「われわれは『明日のジョー』である」というセリフとともに北朝鮮に逃亡したことを記憶している人も多いだろう。しかしながら、『あしたのジョー』のようなスポ根ものは、諸刃の剣なのであって、軍国主義や全体主義に回収される危険性があるのと同時に、『二〇世紀少年』に見られるように、ナショナリズムや全体主義に抵抗する拠点づくりの物語にもなりうるのである。

日本人は人間になれたのか

先に、敗戦から高度成長期までの日本人男性の「星一徹コンプレックス」という概念を提出したが、ここでは、やはり「人種／ジェンダー／精神分析」という問題意識から、『巨人の星』のような大メジャーではなくマイナーな作品であったが、当時の視聴者（アニメ放映は一九六八―六九年）には強烈な印象を残したアニメ『妖怪人間ベム』を再考してみたい。この作品には、「早くアメリカの白人（男性）なみになりたい」という当時の日本人、とくに子どもたちの屈折した願望が、「早く人間になりたーい」妖怪人間たちの願望として、デフォルメされて描かれていたように思われる。

この作品の舞台は白人社会で、この設定により人種問題が作品のテーマであることが浮き彫りにされている。普段人間の姿をしている時には、妖怪人間ベム（事実上の父親役）は黒人、ベラ（事実上の母親役）は白人、ベロ（事実上の子ども役）は黄色人種という設定で、視聴者である日本の子どもたちは、黄色人種の子どもの姿をしたベロに感情移入しながら作品を観ていた。ベラは普段は確かに白人の姿をしているが、あくまで「女性」であり、「感情的」でいつも男性のベムにたしなめられるという設定で、ジェンダー論という点では、「男性＝理性的なリーダー／女性＝感情的な補佐役」という西欧近代流のステレオタイプが反復されている。

妖怪人間たちは、「人間（＝この作品では事実上「白人男性」のこと）たちに尽くしていれば、いつかは人間になれる」と信じて、人間の弱い心に取り入った悪の妖怪たちを次々に退治していくのであるが（妖怪人間は人間には絶対に危害を加えない）、人間には感謝されるどころか、いつも変身したときの「獣のような」醜い姿を忌み嫌われ、白人男性たちの警察に追われる身となり、最終回ではとうとう人間たちに、炎のなかで甘んじて焼き殺された（事実上の焼身自殺？）ことが暗示されている。現在、日本では、古典的アニメのリバイバルが盛んにおこなわれているが、『妖怪人間ベム』はメジャーなシーンでは復活していない。もちろん、その救いのない陰惨なストーリーのせいもあるだろう。

しかし、このアニメがその後の日本社会で事実上「封印」されたのは、単にストーリーの暗さのためだけではなく、「アメリカの白人男性」から見て、果たしてそもそも「日本人、さらには有色人種一般や女性一般は人間か」という「アメリカの影」（加藤典洋）の下に生きる日本人にとっては「できれば考えたくない」問題を提起してしまったからだろう。第二次日米安保条約改正の時代、白人が支配するアメリカと黄色人種の間で戦われたベトナム戦争の時代、黒人公民権運動の時代、「人種問題」は、戦後日本の歴史のなかでかつてないほど尖鋭に意識化された。ウーマンリブの時代、「女性差別問題」も大きく浮上した。『妖怪人間ベム』は、そうした時代状況を的確に映し出していた。

「早く人間になりたーい」が、いくら人間（＝アメリカの白人男性）に尽くしても、ついに人間として認められることのない妖怪人間たちの悲劇。それは、戦後の日本人にとって封印しておきたい、精神分析用語を用いれば「否認」しておきたいセンシティヴ・イシューである「人種問題」、さらには「女性差別問題」までをも、あまりにも真正面から扱いすぎていた。それが、このアニメが放映後、「アメリカの影」を認めたくない日本社会からほとんど封印されてしまった最大の理由だろう。

ところで、「妖怪人間ベム」の放映から三十七年たって、かつて白人に「黄色い猿」と蔑まれ、マッカーサーに「十二歳の子ども」とも称された日本人は、「人間になれた」のだろうか？「名誉白人」とは「人間」なのだろうか？「女性」は「人間になれた」のだろうか？「名誉男性」とは「人間」なのだろうか？　そもそも、「名誉白人」や「名誉男性」になることは、「妖怪人間」にとって本当の幸福をもたらす目標だったのか？　アニメ『妖怪人間ベム』の提起した問題は、いまなお解決されていないように思われてならない。

とりあえずの結論——若い世代のために

本書の「はじめに」で、私は自分の立場性（positionality）について述べておいた。要約すると、本書は、団塊の世代と団塊ジュニアの世代に挟まれた「くびれの世代」の男性研究者が、主として若い世代の読者を念頭において書かれた本である。団塊の世代、およびさらに年長の世代の要求する「男らしさ」に対する反発が、私が本書を書いた主たる動機である。いまの私は、団塊の世代、（女性にもその傾向はあるが）とくに男性が賞賛しがちな「忠臣蔵＝プロジェクトX的男性性」、およびそうした男性性と「葛藤」せずに「協働」する「宮本武蔵的男性性」を、はっきり「あるべきではない男性性」とみなしている。団塊の世代の男性がいまだにそうした男性性を好むことは、ＮＨＫ大河ドラマが二〇〇三年の『武蔵』に続いて二〇〇四年には『新撰組！』を取り上げたことからも明らかである。

本書の本文全体の構成は、「近現代日本における大衆（宗教）文化と男性性」について、重厚で完成された「面」を成す研究というよりも、断片的な「点と線」をつなぎ合わせた問題提起的な研究群と言ったほうがいいだろう。これは、もちろん筆者の力量不足のせいなのだが、「男性史研究」という学問分野自体が、今後急速な発展が期待できるものの、現時点（二〇〇五年時点）ではまだ、女性史にはるかに遅れて「ようやく手が着きはじめた」段階にあるにすぎないという研究状況を反映したものでもある。

男性史研究全体がもっと進展しなければ、本書の「点と線の問題提起」を「面」にまで高めることは困難である。現時点での「近現代日本男性史研究」という学問分野の研究動向については、小玉亮子編「現代のエスプリ」（四四六号〔特集・マスキュリニティ／男性性の歴史〕至文堂、二〇〇四年）、および、細谷実編「モダン・マスキュリニティーズ二〇〇三」（二〇〇四年〔文部科学省科学研究費基盤研究C〔1〕「近現代日本における男性性〔マスキュリニティーズ〕の構築過程についての学際的研究」年次報告書）を参照されたい。

私も含めて、後者の研究プロジェクトのメンバーは、数年前に立ち上げられた小さな研究会である近代日本男性史研究会にも所属している。近代日本男性史研究会に興味をおもちの読者は、関東学院大学経済学部・細谷実研究室にお問い合わせ願えれば幸いである。問題提起的な性格が強いとはいえ、本書を読まれた読者が、近現代日本男性史研究（および大衆文化研究）が、今後研究されなければならないことがひじょうに多い、おもしろい研究領域であることを認めてくだされば、私としては幸いである。

本書で大きく論じ足りなかったことを列挙しておく。第1章に関しては、「女性の男性性」

の歴史についての本格的な実証研究が必要である。第2章に関しては、「百合を愛好する男性たち」についての各種の実証研究、とくにライフヒストリー調査が必要である。第3章に関しては、「アダルトチルドレンと男性性」について、ほかの集団心理療法のグループとの比較研究が必要である。第4章に関しては、きちんとサンプリングをおこなった「大規模な統計的調査」が必要である。第5章に関しては、「神道界の任侠の女性化願望」を、近現代日本男性史全体のなかに位置づける作業が必要である。

本書の「はじめに」で述べたように、一九六二年生まれで根が「オカマ」である私は、コンプレックスを補償しようとしつつも、思春期に、当時の主流であった「プロジェクトX的男性性」には自己同一化することがどうしてもできず、その代わりにスポーツ根性ものを介して、「宮本武蔵的男性性」に自己同一化してしまった。「その代わりに」と述べたが、「忠臣蔵＝プロジェクトX的男性性」と「宮本武蔵的男性性」は、協働することはあっても、けっして相互に葛藤するものではない。宮本武蔵が、武者修行の果てに四十七士の仲間に加わっても、とくに矛盾は生じない。両者の男性性は、集団に焦点をあてるか個人に焦点をあてるかという相違こそあれ、佐藤忠男の言う「意地の系譜」という点では共通している。「我が事において後悔せず」とは宮本武蔵の言葉であるが、まさに「自分という存在の正しさ」を絶対に疑おうとしない、という意味での「意地っ張り宣言」である。

いま二十歳くらいの若い世代の間では、忠臣蔵はもう粗筋すら知らない、プロジェクトXは「見たことならある」、宮本武蔵的男性性はもはや時代遅れである、というのが、平均的見解だろう。ギャグ漫画家・少女マンガ家の猫十字社は、「県立御陀仏高校」という学園ものギャグ漫画で、「ゴル子さん」という、劇画『ゴルゴ13』の主人公であるスナイパーをパロディにしたキャラクターを造形している［猫十字社 1985;1987］。ゴル子さんとは、ゴルゴ13の宮本武蔵的な不毛な人格美学はそのままで、外見はセーラー服を着せ、髪型を三つ編みにして女子高生としたキャラクターである。「この人物が女性だったら」と仮定すれば、宮本武蔵的男性性は確かに滑稽以外のなにものでもない。

「突っ張らなければ」（＝過剰に「意地」を張らなければ）、私の性格の地は「お人好しの女性的なボンボン」なのだが、根がオカマである私は、「男らしさ」をめぐるコンプレックスを補償するために「ゴル子さん」のような滑稽なキャラクターになった側面があるのである。本書のノートIIで見たように、若い世代の男性にはなじみ深い「身近な愛」、具体的には「身近な人たちとなごやかに」、かつ現在を未来のための手段とするのではなく、現在それ自体を目的とする「毎日を楽しく暮らす」コンサマトリーなライフスタイルには、強い憧れを抱いている。ノートVで論じたような、「健全なナルシシズム」にもとづく若い世代の男性のファッションやお洒落の文化にも魅力を感じている。

しかしながら、生育期や思春期に刷り込まれた男性性とは恐ろしいもので、私は未だに宮本武蔵的男性性から完全には自由になれないでいる。不必要な「意地」を張る癖（心ぐせ）は抜けていないし、身近な人たちへの「気配り」は下手でケア能力が低いし、研究者としての大成という目標のために現在を不必要に「ストイック」に生きてしまう癖（心ぐせ）も抜けていない。「はじめに」で述べたように、私はフェミニストではないのはもちろん、「フェミニズムを深く理解している」つもりもない。それに付け加えると、私は決して「解放された男性」でもない。その意味で、本書は中年期に入った男性が、「自分でも一度として守れたためしのない倫理をおずおずと若い世代に説いている」本である。

「はじめに」とここでは生き恥をさらしてしまったが、若い世代の読者には、「くびれの世代」の男性のいっぷう変わったサンプル、反面教師の例として、自分たちの男性性について考えるささやかなヒントにしていただければ幸いである。「プロジェクトX的男性性」も「宮本武蔵的男性性」も、依然として日本社会において根強い影響力を保っているし、現代日本に生きる男性がそれらの男性性から完全に自由になる＝オルタナティヴな男性性に自己同一化することは、けっして容易な作業ではない。しかし、私は若い世代が、日本社会にオルタナティヴな男性性の文化を確立することを強く願ってやまない。

「くびれの世代」に所属する私は、人数が多くて自己主張の激しい団塊の世代には過剰な「図々しさ」を感じることがある。また、団塊ジュニアの世代には、過剰な「従順さ」を感じることがある。団塊ジュニアには、「大人（親の世代）が決めた社会のルールの枠組み」を疑わない傾向があり、その従順さが私を時として苛立たせる。そうした従順さは、一九九〇年代後半に社会現象となったアニメ『新世紀エヴァンゲリオン』にもよく現れていた。このアニメの主人公・碇シンジをはじめ、汎用人型ロボット「エヴァンゲリオン」のパイロットである少年・少女たちは、自分たちの「使命」である「使徒（熊田注――謎の多い侵略ロボット）との戦い」を、露とも疑ってみようとしない。「団塊の世代の図々しさ」にも「団塊ジュニアの従順さ」にもウンザリすることがある「くびれの世代」の私としては、団塊ジュニアよりもさらに下の世代に期待したい。

いま、ティーンズ向けのジュニア小説では、秋山端人『イリヤの空、UFOの夏』（電撃文庫1―4）がおもしろい。ジュニア小説では、本書が論じた『マリア様がみてる』に次ぐほどの売れ行きで、すでにアニメ化されている。「米軍基地の街」の中学に編入してきた帰国子女の「無口な美少女」伊里野加奈をめぐる「ボーイ・ミーツ・ガール」物だが、イリヤが実は米軍秘密戦闘機の特殊操縦士という設定で（アニメ『新世紀エヴァンゲリオン』の綾波レイのパターン）、第3巻では遂に「北」との間に「有事」が勃発する。イリヤに恋した少年は、「大人たちが勝手に始めた戦争で恋人を失ってたまるか」と、学校生活で人間らしい感情を取り戻したイリヤとともに軍部からの逃避行に旅立つ。しかし、最後には、「他の人はどうでもいいから、その少年だけを守る」ために、イリヤは再び米軍秘密戦闘機に搭乗して戦争に出撃し、戦死したことが暗示されている。

この小説は、次のような点で画期的だと思われる。①いい年をした大人たちが『世界の中心で、愛を叫ぶ』だの『冬のソナタ』だの、とくに9・11テロ以来のきな臭い国際情勢、いわばグローバル化のなかでの「世界内戦状況」(中東情勢や北朝鮮問題)から「純愛」へと心理的に逃避している中で、まっすぐに世界の現実を直視していること、②村上春樹の登場以来、アメリカを「(趣味という)箱庭の中で無害化する」(島田雅彦)ことがJ・ポップのお約束ごとになっているなかで、日米のパワー・ポリティックスを直視していること、③団塊ジュニアが、「団塊の世代の親たちが決めたルールの枠組み」を何も疑わない傾向があるのと対照的に、正面から戦争という大人の「ルールの枠組み」に反抗する反戦の青春を描いていること。こうしたジュニア小説を読んで育った若い世代に、私は大いに期待している。

最後に、「ポップ・カルチャーの新・男性学」と題するこの本では、3・4・5章では、大衆の宗教道徳文化や新宗教を分析しているが、その理由を説明しておきたい。読者は、奇異に思われるかもしれないからである。本書の分析対象として大衆の宗教文化を取り上げたのは、次の二つの理由にもとづく。

まず、現代の宗教学では、宗教研究と、とくに欧米で発達しているカルチュラル・スタディーズ(大衆文化を政治との関係において分析する学問)とを接合することが、大きな課題のひとつと考えられているからだ。このことは、先進国において「宗教の個人化」が進行し、宗教的なものが教団宗教を離れて大衆文化のなかに拡散し、宗教と非・宗教の境界が不鮮明になってきた現実を反映している。先進国の大衆文化には、こうした「拡散した宗教性」(diffused religiosity)が少なからず観察される、

第二に、現代の社会学では、宗教社会学(一般に宗教学全体)は地盤沈下して文化社会学に包摂されつつある傾向にあるからである。新宗教という大衆の宗教文化の研究と、ポップ・カルチャーの研究は、「宗教アレルギー」の現代の一般の日本人に思われているのと違って、隣接分野同士であり、密接不可分な関係にあるのである。

私と大衆宗教の関わり、大衆宗教に対する私の立場性は以下のようなものである。私は、大学院時代は文化人類学を専攻して、宗教人類学を研究していた。その後、関心が宗教に集中するようになり、いまでは宗教社会学者といったほうが通りがいいだろう。私が大衆宗教に興味をもったのは、断じて教祖になりたかったからではない。私は宗教的才能にはおよそ縁遠い人間である。宗教学を志したのは、ただ単に自己救済のためである。

私の世代以降の内向的な高学歴の若者にはよくあることだが、私は大学院時代に、大書店の「精神世界」の本に親しんでいた。紀伊国屋書店が「精神世界」というキャッチ・コピーを考案したのが一九七九年のことだから、私は「精神世界第一世代」に属するとも言える。宗教人類学に対する関心も、「精神世界」の本への関心と確実にリンクしていた。その後、「精神世界」から大衆の「救済宗教」へと関心が移行していったのは、自分の抱えている苦難や心理的葛藤、そし

て「男らしさの病」が、「精神世界」の本で解決するほど根の浅いものではなかったからである。そして一九九五年に、オウム真理教事件という近代日本宗教史上最大の事件が起こった。私は、この事件に大変な衝撃を受けた。同じ「精神世界」の本に親しみながらも、私はオウム真理教には入信せず、サリンを撒くこともなかった。

私とオウム信者は、一体どこで分かれたのだろうか？　ちなみに、私の風貌はオウム真理教の青山元弁護士にそっくりである。さらには、そもそも一般に普通の若者とオウム信者は一体どこで分かれるのだろうか？　こうした問題を、本書では大衆の宗教文化の世界に内在しながら考察しようと試みたのである。

参考文献

秋枝蕭子「『良妻賢母主義教育』の逸脱と回収」奥田暁子編『女と男の時空5・鬩ぎ合う女と男――近代』所収、藤原書店、一九九五年

秋山瑞人『イリヤの空、UFOの夏1―4』電撃文庫、メディアワークス、二〇〇一―二〇〇五年（続刊中）

伊藤公雄『〈男らしさ〉のゆくえ――男性文化の文化社会学』新曜社、一九九三年

岩井阿礼「性表現の主体としての女性――女性向け男性同性愛ファンタジーに見られる性役割葛藤と性役割多元化の試み」「Sociology Today」五号所収、お茶の水大学社会学研究会、一九九五年

岩明均『寄生獣1―10』講談社KC、一九九〇年―一九九五年

――『ヒストリエ1―2』講談社KC、二〇〇四年（続刊中）

岩上安身「最新組織内情勢――ヴァジラヤーナは眠らない」別冊宝島編『隣のオウム真理教』所収、宝島社、一九九九年

上野千鶴子『近代家族の成立と終焉』岩波書店、一九八五年

――『女は世界を救えるか』勁草書房、一九八六年

――『差異の政治学』岩波書店、二〇〇二年

浦沢直樹『二〇世紀少年1―19』小学館、二〇〇〇―二〇〇五年（続刊中）

江藤淳『成熟と喪失――〝母〟の崩壊』講談社文庫、一九七八年

ＮＨＫ『プロジェクトＸ――挑戦者たち』http://www.nhk.or.jp/projectx/projectx/projectx.html、二〇〇三年
エルランティの光出版編『エルランティの愛』エルランティの光出版、一九九三年
――『エルランティの心１』エルランティの光出版、一九九四年
小倉千加子『セクシュアリティの心理学』有斐閣選書、二〇〇一年
小原信治（原作）／海埜ゆうこ（作画）『Go! Go! Heaven!・少女自決隊１―２』小学館、二〇〇五年（続刊中）
近藤和子「女と戦争――母性／家族／国家」奥田暁子編『女と男の時空５・閊ぎ合う女と男――近代』所収、藤原書店、一九九五年
加藤周一『日本文学史序説（下）』筑摩書房、一九八〇年
北野武『余生』ロッキング・オン、二〇〇一年
熊田一雄「宗教心理複合運動における日本的母性の位相（ＧＬＡ系諸教団の事例研究より）」「宗教と社会」三号所収、一九九七年
――「現代救済宗教と共依存の病理（ＧＬＡ系諸教団の事例研究より）」「愛知学院大学文学部紀要」二七号、一九九八年
――「内観サークル運動における『見立て話』の位相（ＧＬＡ系諸教団の事例研究より）」「愛知学院大学文学部紀要」二八号、一九九九年
黒田一茂「魔法少女『サミー』と変身少女『りりか』――二つの終着点」「ポップ・カルチャー・クリティーク（２）少女たちの戦歴」所収、青弓社、一九九八年
小浜逸郎『「男」という不安』ＰＨＰ新書、二〇〇一年
小林よしのり『新ゴーマニズム宣言SPECIAL――戦争論』幻冬舎、一九九八年
今野緒雪『マリア様がみてる』集英社コバルト文庫、一九九九―二〇〇五年（続刊中、アニメ放映は二〇〇四年

から・マンガは二〇〇三年から）
斎藤環「戦闘美少女たちの系譜」「ポップ・カルチャー・クリティーク（2）少女たちの戦歴」所収、青弓社、一九九八年
――『戦闘美少女の精神分析』太田出版、二〇〇〇年
さいとうちほ（原作・ビーパパス）『少女革命ウテナ1―5』小学館FC、一九九七―一九九八年（アニメ放映は一九九七年から）
斎藤美奈子『紅一点論』ビレッジセンター出版局、一九九八年
相良亨『相良亨著作集5・日本人論』ぺりかん社、一九九二年
ササキバラ・ゴウ『〈美少女〉の現代史――『萌え』とキャラクター』講談社現代新書、二〇〇四年
佐藤忠男「少年の理想主義について」「思想の科学」一九五九年三月号
――『忠臣蔵――意地の系譜』朝日選書、一九七六年
――『日本映画と日本文化』未来社、一九八九年
――『長谷川伸論――義理人情とはなにか』岩波現代文庫、二〇〇四年
島薗進『新新宗教と宗教ブーム』岩波ブックレット、一九九二年
――『オウム真理教の軌跡』岩波ブックレット、一九九五年
――「心理＝宗教複合的運動の倫理性――新宗教・新霊性運動・心理療法」『精神世界のゆくえ――現代世界と新霊性運動』所収、東京堂出版、一九九六年
嶋田美子「近いイメージ／遠いイメージ」「現代思想」三二巻七号所収、二〇〇四年
下川耿史ほか『女装の民俗学――性風俗の民俗史』批評社、一九九四年
宗教法人大本『大本七十年史下巻』宗教法人大本、一九六七年

杉浦日向子ほか「杉浦日向子のおもしろ講座（2002/09/27）」http://www.geocities.co.jp/Playtown/6757/020927.html
鈴木光司『ループ』角川ホラー文庫、二〇〇〇年
瀬名秀明『パラサイト・イヴ』角川ホラー文庫、一九九六年
高橋信次『心の発見（現象編）』三宝出版、一九七三年
武内直子『美少女戦士セーラームーン1―18』講談社コミック、一九九二―一九九八年（アニメ放映は一九九二年から）
蔦森樹『男でも女でもなく――新時代のアンドロジナスたちへ』勁草書房、一九九三年
蔦森樹編『はじめて語るメンズリブ批評』東京書籍、一九九九年
出口王仁三郎『水鏡』、一九七七年
――『霊界物語』（修補版）八一巻八三冊、天声社、一九八七―一九九五年
――『出口王仁三郎全集1―8』（復刻版）、天声社、一九九八―一九九九年
出口京太郎『巨人出口王仁三郎』講談社、一九六七年
土佐弘之『グローバル／ジェンダー・ポリティックス――国際関係論とフェミニズム』世界思想社、二〇〇〇年
中里一「現代百合の基礎知識二〇〇二年度版」http://kaoriha.org/kisotosiki.html、二〇〇二年 a
――「百合論がわからなくなる」http://kaoriha.org/yuriron.htm、二〇〇二年 b
荷宮和子『手塚漫画のここちよさ――ヅカファン流手塚論』光栄、一九九六年
猫十字社『県立御陀仏高校1―2』小学館、一九八五―一九八七年
野村文子／薄井篤子編『女性と教団（日本宗教のオモテとウラ）』Harvest 社、一九九六年
広瀬浩二郎『人間解放の福祉論――出口王仁三郎と近代日本』解放出版社、二〇〇一年
伏見憲明『〈性〉のミステリー――越境する心とからだ』講談社学術文庫、一九九七年

豊泉周治「『こころの時代』と『多幸な』若者たち」、「社会文化研究」第七号所収、社会文化学会、二〇〇四年
細谷実「大町桂月による男性性理念の構築」関東学院大学経済学部紀要「自然・人間・社会」三一号所収、二〇〇一年
――「大衆文化と男性性――佐藤忠男の〈カルスタ〉と〈男性学〉」小玉亮子編「現代のエスプリ」四四六号 所収、至文堂、二〇〇四年
松本健一『出口王仁三郎――屹立するカリスマ』リブロポート、一九八六年
マリ見てDB－今野緒雪「マリア様がみてる」データサイト・掲示板、二〇〇四年、http://www.tsubaki.saakura.ne.jp/~act/m/bbs/bbs09.html
三木善彦『内観療法入門――日本的自己探求の世界』創元社、一九七六年
宮澤誠一『近代日本と「忠臣蔵」幻想』青木書店、二〇〇一年
村瀬孝雄『内観法入門――安らぎと喜びにみちた生活を求めて』誠信書房、一九九三年
メンズセンター編『「男らしさ」から「自分らしさ」へ』かもがわブックレット、一九九六年
森川早苗「Anorexia Nervosaの症例理解における女性性の概念の検討」「日本教育心理学会論文集」所収、日本教育心理学会、一九七九年
山之内靖「方法論的序説」山之内ほか編『総力戦と現代化』所収、柏書房、一九九五年
「百合姉妹」（季刊雑誌）、マガジン・マガジン、二〇〇三年－二〇〇五年（続刊中）
「ユリイカ」（増刊号）〔北野武そして／あるいはビートたけし〕青土社、一九九八年二月
Bellah, Robert et all, *Habits of the Heart: Individualism and Commitment in American Life*, University of California Press, 1985

（ロバート・ベラーほか、島薗進／中村圭志訳）『心の習慣——アメリカ個人主義のゆくえ』みすず書房、一九九一年）

Boyd, Stephen B (et al.)(eds.), 1996, *Redeeming Men-Religion and Masculinities*, Westminster John Knox Press

Butler, Judith, *Gender Trouble: feminism and the subversion of identity*, New York:Routledge, 1990（ジュディス・バトラー、竹村和子訳『ジェンダー・トラブル——フェミニズムとアイデンティティの攪乱』青土社、一九九九年）

Clatterbaugh, Kenneth, *Contemporary Perspectives on Masculinty*, Westview Press, 1997

Connell, R.W., *Masculinities*, University of California Press, 1995

Derrida, Jaques, *Politiques de l'amitié*, Galilée, 1994（ジャック・デリダ、鵜飼哲／大西雅一郎／松葉祥一訳『友愛のポリティックス1』みすず書房、二〇〇三年

Giddens, Anthny, *The Tansformation of Intimacy:Sexuality, Love and Erotisism in Modern Societies*, Polity Press, 1992（アンソニー・ギデンズ、松尾精文／松川昭子訳『親密性の変容——近代社会におけるセクシュアリティ、愛情、エロティシズム』而立書房、一九九五年）

Halberstam, Judith, *Female Masculinity*, Duke Unversity Press, 1998

——, "The Good, The Bad, and The Ugly : Men, Women, and Masculinity", J.K.Gardiner(ed.), *Masculinity Studies & Feminist Theory*, Columbia University Press, 2002

Hooper, Charlott, *Manly States*, Columbia University Press, 2001

Levisnosn, Daniel J., *The Seasons of a Man's Life* , Randam House Inc , 1978（ダニエル・J・レビンソン、南博訳）『ライフサイクルの心理学（上・下）』講談社学術文庫、一九九二年）

Krishnaswamy, Revati, *Effeminism:The Economy of Colonial Desire*, University of Michigan Press, 1998

MacIntyre, Alasdair, *After Virtue: A Study in Moral Theory*, University of Notre Dame Press, 1981（ラスデア・マッキンタイア、

篠崎栄訳『美徳なき時代』みすず書房、一九九三年）

Nakamura, Karea and Matuo, Hisako, "Female masculinitiy and fantasy spaces", J. E. Roberson and N. Suzuki(eds.), *Men and Masculinities in Contemporary Japan*, Routledge, Curzon, 2003

Morgan, David, *Discovering Men*, Routeledge, 1992

Nelson, Dana D., *National Manhood: Capitalist Citizenship and the Imagined Fraternaty of White Men*, Duke University Press, 1998

Scott, Joan Wallach, *Gender and the Politics of History (Gender and Culture)*, Revised Edition, Columbia University Press, 1999（ジョーン・W・スコット、荻野美穂訳『増補新版　ジェンダーと歴史学』平凡社、二〇〇四年）

あとがき

この本は、私が近年書いた男性性研究に関係するいろいろな論文に大幅な加筆修正を施し、新たに書き下ろしを加えたものである。「はじめに」「とりあえずの結論」および「ノート」Ⅰ―Ⅵは、すべて書き下ろしである。本章のもととなった論文の初出は、以下のとおりである。

はじめに　書き下ろし
第1章「現代日本の大衆文化における『女性の男性性』――オルタナティヴな男性性とジェンダーの変容」『社会文化研究』七号所収、社会文化学会、二〇〇四年
第2章「ヤオイ女性と百合男性が出会うとき――親密性は変容するか」『モダン・マスキュリニティーズ二〇〇三』（文部科学省科学研究費基盤研究C（1）「近現代日本における男性性〔マスキュリニティーズ〕の構築過程についての学際的研究」年次報告書）所収、二〇〇四年
第3章「『内観サークル系宗教運動』における《脱男性性》ディスクールについて」『宗教と

社会』八号所収、「宗教と社会」学会、二〇〇二年
第4章　「若者の宗教倫理のセラピー化について」『愛知学院大学人間文化研究所紀要』一九号所収、愛知学院大学、二〇〇四年
第5章　「大本聖師のトランスジェンダー志向を再考する」『文部科学省科学研究費・基盤研究C（1）「宗教とジェンダー――その性支配と文化的構造の研究」』最終成果報告書所収、二〇〇四年
とりあえずの結論　書き下ろし

本書の第1章は、文部科学省科学研究費基盤研究C（1）「近現代日本における男性性（マスキュリニティーズ）の構築過程についての学際的研究」（平成十四年〜十七年、代表・細谷実）の研究助成によって可能となった。また、この章を草稿段階で細谷実氏に読んでいただき、貴重なコメントを賜った。

第2章の執筆にあたっては、当該科研のプロジェクトの皆様に草稿を読んでいただき、貴重なコメントを賜った。

第3章の元となった論文については、草稿の段階で薄井篤子氏と林淳氏に読んでいただき、貴重なコメントを賜った。筆者が所属する「男性学」メーリングリストの参加者からもいろいろ刺激をいただいた。また、本稿の執筆段階では、伊藤公雄氏に貴重なご意見を数多く賜った。なお、

本研究は文部科学省科学研究費・基盤研究C（1）「宗教とジェンダー――その性差別の文化的構造」（平成十三年～平成十五年、代表・熊田一雄（最終年度のみ伊藤公雄））の援助によって可能になった。

第4章については、この調査に協力していただいき、匿名を条件に出席レポートの論文への転載をお許しいただいた、私が二〇〇〇年度に開講した「宗教学研究」の受講者の皆様に感謝申し上げる。願わくば、ごく微力ながら、拙論が彼らが卒業後生きていくうえで役立たんことを祈る。また本稿は、二〇〇一年度二月の「宗教社会学の会」定例研究会で口頭発表し、『愛知学院大学文学部紀要』三一号に「殺人はなぜ悪なのか――学生アンケートの結果分析」として論文発表したものに大幅な加筆修正をほどこしたものである。研究会の際にコメントしていただいた方々や、乱暴な議論が多かった前回の論文に対して適切なご批判を賜った、勤務先の宗教学科のスタッフに感謝したい。また、本稿を東京大学の島薗進氏に読んでいただき、貴重なコメントをいただいた。

第5章は、原稿を草稿段階で大本教学研鑽所の斎藤泰氏および薄井篤子氏・林惇氏に読んでいただき、貴重なコメントを賜った。とくに、本稿の執筆段階では、大本教学研鑽所の斎藤氏には、大本教学についていろいろ懇切丁寧にご教示いただいた。また、筆者が管理人を務める「宗教とジェンダー」メーリングリストでは薄井篤子氏と島薗進氏に、「男性学」メーリングリストでは細谷実氏と海妻径子氏に、いろいろ触発していただいた。

［著者略歴］
熊田一雄（くまた・かずお）
1962年、京都市生まれ。1992年、東京大学大学院文化人類学専攻博士課程単位取得中退。
現在、愛知学院大学文学部宗教学科助教授。
『ファンダメンタリズムとは何か？——世俗主義への挑戦』（共著、新曜社、1994年）、『新世紀の宗教——「聖なるもの」の現代的諸相』（共著、創元社、2002年）、ほか論文多数。

装幀／田端昌良

JASRAC　出0509507-501

〈男らしさ〉という病？——ポップ・カルチャーの新・男性学

2005年9月21日　第1刷発行　　（定価はカバーに表示してあります）

著　者　　熊田一雄
発行者　　稲垣喜代志

発行所　名古屋市中区上前津2-9-14　久野ビル
振替 00880-5-5616　電話 052-331-0008
http://www.fubaisha.com/
風媒社

乱丁・落丁本はお取り替えいたします。　＊印刷・製本／モリモト印刷
ISBN4-8331-1067-9